desenvolvendo novos produtos:
conceito, etapas e criação

Desenvolvendo novos produtos:
conceito, etapas e criação

Djalma de Sá

Felipe Augusto Nasser Costa

Sedenilso Antonio Machado

Tarcis Prado Júnior

inter saberes

Rua Clara Vendramin, 58 . Mossunguê
CEP 81200-170 . Curitiba . PR . Brasil
Fone: (41) 2106-4170
www.intersaberes.com
editora@intersaberes.com

Conselho editorial Dr. Alexandre Coutinho Pagliarini; Drª Elena
Godoy; Dr. Nelson Luís Dias; Dr. Ulf Gregor Baranow
Editora-chefe Lindsay Azambuja
Gerente editorial Ariadne Nunes Wenger
Analista editorial Ariel Martins
Capa Mayra Yoshizawa (*design*)
Ksander, Lili1992/Shuttersotck (imagem)
Projeto gráfico Bruno Palma e Silva
Diagramação João L. P. Alves
Iconografia Regina Claudia Cruz Prestes

Dados Internacionais de Catalogação na Publicação (CIP)
(Câmara Brasileira do Livro, SP, Brasil)

Desenvolvendo novos produtos: conceito, etapas e
criação/Djalma de Sá [et al.]. Curitiba: InterSaberes,
2017. (Série Marketing Ponto a Ponto)

Outros autores: Felipe Augusto Nasser Costa, Sedenilso
Antonio Machado, Tarcis Prado Júnior

Bibliografia.
ISBN 978-85-5972-294-9

1. Estratégica de marketing 2. Inovação tecnológica
3. Produtos – Desenvolvimento 4. Produtos – Projeto
I. Sá, Djalma de II. Costa, Felipe Augusto Nasser.
III. Machado, Sedenilso Antonio. IV. Prado Júnior, Tarcis.
V. Série.

17-01098   CDD-658.575

Índices para catálogo sistemático:
1. Desenvolvimento de produtos: Administração de
produção   658.575

1ª edição, 2017.

Foi feito o depósito legal.

Informamos que é de inteira responsabilidade dos autores
a emissão de conceitos.

sumário

apresentação

Temos a satisfação de apresentar este livro, que se insere em um processo mais amplo de reflexão sobre o projeto e o desenvolvimento de produtos, resultado de um trabalho de mais de três anos de pesquisa.

Constituindo um importante ponto de reflexão e produção de conhecimentos, nesta obra temos como objetivo aprofundar alguns tópicos e sua relação com a criação de novos produtos, respondendo a algumas demandas sobre o processo de criação e desenvolvimento desses produtos.

Em um ambiente competitivo como o que vivemos na atualidade, a inovação e a criação de novos produtos se tornam condições mais do que necessárias para o sucesso de qualquer empresa, no Brasil e ao redor do mundo. É pensando nisso que acreditamos que este livro pode fazer a diferença para leitores que, como você, desejam conhecer e entender como acontece esse processo, ou seja, quais são as etapas – e os riscos – do caminho para a concepção de novos produtos que, de preferência, sejam funcionais e úteis para as pessoas de modo geral.

A escolha dos capítulos norteou-se pelo fato de desejarmos criar um caminho por meio do qual estudantes e profissionais da área pudessem ter em mãos um roteiro para auxiliar no processo de desenvolvimento de novos produtos. Para que você, leitor, compreenda melhor o assunto, dividimos o livro em seis capítulos, abordando em cada um deles os aspectos da inovação e suas etapas.

Sendo assim, optamos por começar o primeiro capítulo tratando sobre o processo de **gestão da informação**, que é como se iniciam todas as inovações, ou seja, filtrando o que

serve e o que não é útil em um projeto de inovação. Vamos tratar também sobre a inovação como **fator competitivo**, ou seja, como ela faz diferença para as empresas – ou pessoas – que resolvem apostar nela. Indicamos ainda o modo de gerenciar essa inovação, bem como discorremos sobre a geração de novas ideias.

No segundo capítulo, vamos acompanhar o processo de **desenvolvimento de produto**, ou seja, os passos para que um novo produto surja no mercado e, assim, faça diferença para a empresa e para os prováveis consumidores. Vamos mostrar também como são os **testes de marketing**, no sentido de compreender o papel, as vantagens e as limitações desses instrumentos de avaliação.

No terceiro capítulo, mostramos o processo de **planejamento do desenvolvimento de um novo produto**, seu

ciclo de vida e o momento mais apropriado para as inovações no mercado. Trazemos ainda as estratégias para o lançamento de novos produtos no mercado.

No quarto capítulo, você vai aprender a identificar a importância das **alianças estratégicas no mercado**, além de identificar os **tipos** de alianças. Mostramos também os tipos de **estrutura organizacional** e o conceito de **terceirização**, bem como seus aspectos mais relevantes para o mercado.

No penúltimo capítulo, tratamos da compreensão sobre o que leva ao **fracasso dos projetos**, ou seja, as razões que concorrem para que uma ideia nova não seja levada adiante, por mais que ela seja boa e relevante para o mercado. Nesse capítulo, você entenderá o **ciclo de vida dos processos** e suas interdependências internas, ou seja, o que acontece em cada uma de suas etapas. Vamos mostrar ainda os **riscos** envolvidos no planejamento e no gerenciamento dos processos, assim como a melhora na eficácia desse desenvolvimento.

Concluímos o livro analisando o papel e a importância da **inovação na economia**, as **políticas governamentais de inovação**, destacando a **inovação nas micro e pequenas empresas**, locais em que os processos de inovação podem fazer maior diferença, uma vez que tais empresas estão presentes em quase todo o território nacional.

Em suma, pretendemos colaborar com você, estudante ou profissional, que busca uma referência para criar e desenvolver novos produtos, constituindo esta obra como um passo para a realização de tal atividade. Esperamos que você utilize este estudo para seu crescimento acadêmico e profissional, a fim de fazer a diferença no mercado de trabalho e na vida.

Desejamos uma boa leitura e um bom estudo.

Os autores

como aproveitar ao máximo este livro

Este livro traz alguns recursos que visam enriquecer seu aprendizado, facilitar a compreensão dos conteúdos e tornar a leitura mais dinâmica. São ferramentas projetadas de acordo com a natureza dos temas que vamos examinar. Veja a seguir como esses recursos se encontram distribuídos no decorrer desta obra.

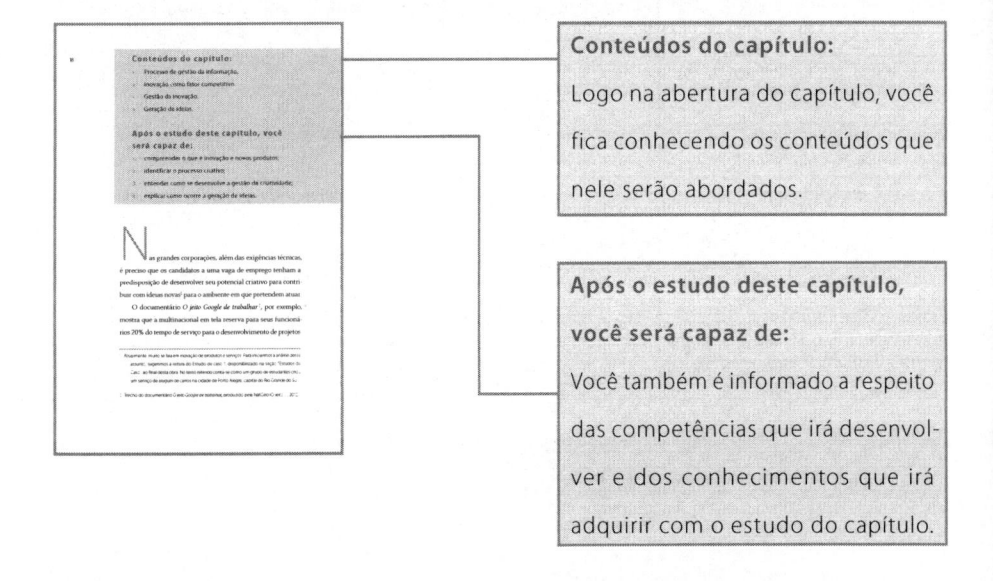

Conteúdos do capítulo:
Logo na abertura do capítulo, você fica conhecendo os conteúdos que nele serão abordados.

Após o estudo deste capítulo, você será capaz de:
Você também é informado a respeito das competências que irá desenvolver e dos conhecimentos que irá adquirir com o estudo do capítulo.

Síntese

Você dispõe, ao final do capítulo, de uma síntese que traz os principais conceitos nele abordados.

Questões para revisão

Com estas atividades, você tem a possibilidade de rever os principais conceitos analisados. Ao final do livro, o autor disponibiliza as respostas às questões, a fim de que você possa verificar como está sua aprendizagem.

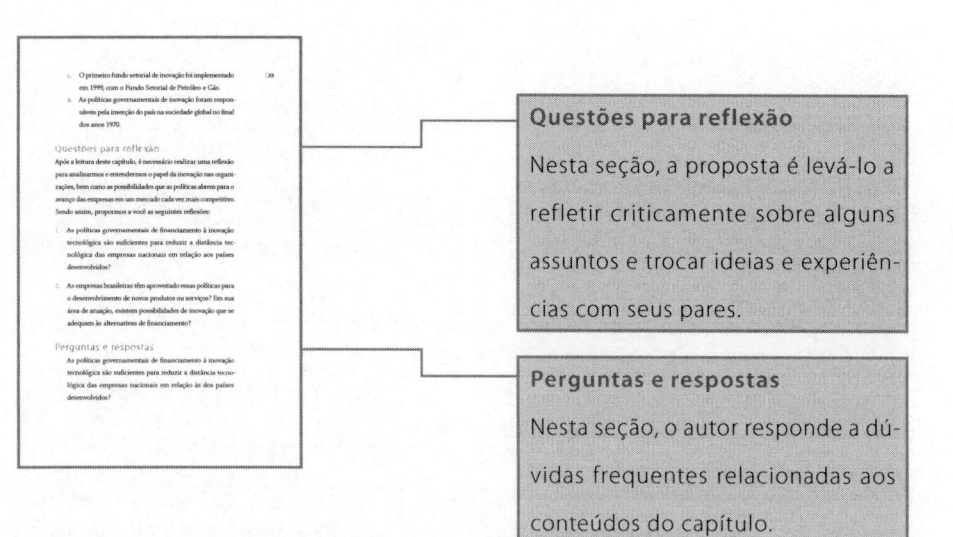

Questões para reflexão

Nesta seção, a proposta é levá-lo a refletir criticamente sobre alguns assuntos e trocar ideias e experiências com seus pares.

Perguntas e respostas

Nesta seção, o autor responde a dúvidas frequentes relacionadas aos conteúdos do capítulo.

Resposta: O financiamento é fundamental, mas não suficiente, pois é necessária também uma política de educação, qualificação e capacitação profissional, bem como formação de pesquisadores para fomentar a inovação. Uma política conjunta de financiamento, educação e qualificação seria a mais adequada para reduzir a distância tecnológica em relação aos países desenvolvidos.

Consultando a legislação

A Lei n. 11.196/2005 – a chamada *Lei do Bem* – tem o objetivo de fomentar a pesquisa, o desenvolvimento e a inovação, bem como estabelecer uma cooperação entre as empresas e as universidades. Essa lei, em sua área de abrangência, busca uma ação mais eficiente no campo da inovação, pois contempla ações de pesquisa, patentes, aquisição de máquinas e equipamentos, royalties, contratação de pesquisadores e construção de espaços de pesquisa. Sendo assim, sugerimos que você consulte a lei na internet.

BRASIL. Lei n. 11.196, de 21 de novembro de 2005. Diário Oficial da União, Poder Legislativo, Brasília, DF, 22 nov. 2005. Disponível em: <http://www.planalto.gov.br/ccivil_03/_ato2004-2006/2005/lei/l11196.htm>. Acesso em: 5 jan. 2017.

Consultando a legislação

Nesta seção você confere como se apresenta a fundamentação legal do assunto que estamos desenvolvendo no capítulo, em toda sua abrangência, para que possa consultá-la e se atualizar.

estudos de caso

Estudo de caso 1

Estudantes criam serviço de aluguel de carros elétricos em Porto Alegre

Uma ideia de três jovens engenheiros e estudantes de pós-graduação promete trazer nova fôlego à mobilidade urbana em Porto Alegre. O projeto consiste em amplantar na capital um sistema de aluguel de carros elétricos semelhante ao que já ocorre com bicicletas, mas que permita uma utilização dos veículos em viagens que durem mais de uma hora.

A iniciativa é de César Reinbrecht, Gerson Scarcezzini e Lucas de Paris, que criaram a startup MVM Technologies para

Estudos de caso

Esta seção traz ao seu conhecimento situações que vão aproximar os conteúdos estudados de sua prática profissional.

capítulo 1

inovação e novos produtos

Conteúdos do capítulo:

» Processo de gestão da informação.

» Inovação como fator competitivo.

» Gestão da inovação.

» Geração de ideias.

Após o estudo deste capítulo, você será capaz de:

1. compreender o que é inovação e novos produtos;

2. identificar o processo criativo;

3. entender como se desenvolve a gestão da criatividade;

4. explicar como ocorre a geração de ideias.

N as grandes corporações, além das exigências técnicas, é preciso que os candidatos a uma vaga de emprego tenham a predisposição de desenvolver seu potencial criativo para contribuir com ideias novas[1] para o ambiente em que pretendem atuar.

O documentário *O jeito Google de trabalhar*[2], por exemplo, mostra que a multinacional em tela reserva para seus funcionários 20% do tempo de serviço para o desenvolvimento de projetos

---

1 Atualmente, muito se fala em inovação de produtos e serviços. Para iniciarmos a análise desse assunto, sugerimos a leitura do Estudo de caso 1, disponibilizado na seção "Estudos de Caso", ao final desta obra. No texto referido conta-se como um grupo de estudantes criou um serviço de aluguel de carros na cidade de Porto Alegre, capital do Rio Grande do Sul.

2 Trecho do documentário *O jeito Google de trabalhar*, produzido pela NatGeo (O jeito..., 2012).

que os beneficiem pessoalmente. Como isso acontece dentro da organização, durante o expediente, cada colaborador acaba por criar aplicativos e outros itens tecnológicos úteis também para o próprio Google, em uma relação de trabalho em que todos saem ganhando. Segundo o documentário, a empresa então seleciona as melhores ideias e as coloca em prática, fazendo com que o negócio produza benefícios para ambas as partes. Isso ocorre porque a empresa acredita que a criatividade é um ativo financeiro nos dias atuais e a estimula como política institucional.

Muitos pensam que a criatividade vem "do nada", que é inata ao ser humano. A verdade é que ela é **desenvolvida**, aos poucos, durante a vida dos indivíduos. Com isso, as pessoas que recebem mais estímulos para criar certamente serão consideradas criativas. Ao contrário, as pessoas que "enterram" seus talentos criativos deixam de sentir o prazer da criação e da inovação de algo.

O estudo do cérebro humano e de seu potencial criativo também traz muitas revelações e surpreende os cientistas a cada vez que pesquisas são realizadas. Por exemplo, a ciência diz que, em uma pessoa destra, o hemisfério esquerdo é a parte "educada" do cérebro e assimila linguagem, símbolos e pontos de vista como a convenção social diz que devem ser. Por outro lado, o hemisfério direito do cérebro é a parte não educada e "inocente", ou seja, que nada aprendeu. Portanto, em matéria de projetos, música e assemelhados, o hemisfério direito pode ver as coisas com "olhos inocentes": com ele, podemos **projetar** as coisas como elas realmente são, não como achamos que deveriam ser. Além disso, esse hemisfério pode oferecer uma **visão mais holística**, em vez de construir as coisas ponto a ponto (De Bono, 1994). Essas ideias estão representadas na Figura 1.1, a seguir.

Figura 1.1 – Cérebro criativo

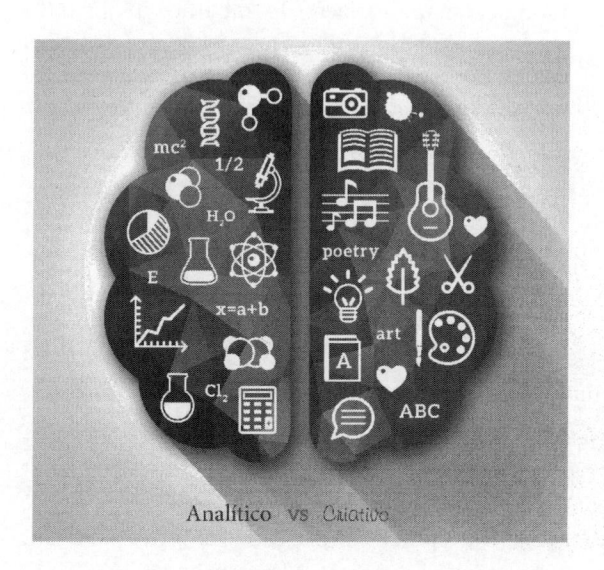

kotoffel/Shutterstock

De Bono (1994) faz ainda uma reflexão sobre o pensamento comum de que a criatividade é própria somente dos artistas (músicos, pintores, escultores, atores etc.). Para ele, os artistas, como as crianças, podem ser inovadores e originais, mas, ao mesmo tempo, muito rígidos, ou seja, nem sempre eles têm a **flexibilidade** que faz parte do pensamento criativo.

É preciso, então, "liberar" as pessoas para o processo criativo, e isso exige treinamento constante, além de capacidades humanas como a coragem e a desinibição na expressão de ideias e opiniões. O ser humano foi treinado como espécie para se adaptar aos padrões sociais, com o objetivo de garantir sua sobrevivência e, nessa busca, conta com a inovação e a criatividade.

1.1 Processo de gestão na inovação

Para uma empresa ter sucesso na inovação, ela precisa dar a devida importância à **organização interna** e prestar muita atenção nela. Se a "casa" não estiver "arrumada", será muito difícil empreender ou criar algo em um lugar onde o ambiente não seja propício a isso. Assim, é necessário "criar o clima" para a inovação. A empresa deve prover um ambiente no qual se tenha um terreno fértil para o surgimento de ideias e, consequentemente, a **inovação tecnológica**. Para Barañano (2005), alguns fatores ou práticas podem contribuir para isso. São eles:

a. criação e manutenção de canais de comunicação fluidos, sejam internos, sejam externos;

b. atenção aos clientes atuais e potenciais, envolvendo-os no processo de inovação;

c. apoio explícito da gestão da diretoria à inovação tecnológica;

d. disponibilidade de recursos humanos altamente qualificados e presença, na organização, de indivíduos que apoiem os projetos de inovação tecnológica, especialmente nos momentos críticos;

e. criação e manutenção de uma estrutura organizacional flexível.

O processo de inovação tecnológica somente terá sucesso quando aplicarmos essas práticas.

1.2 Inovação como fator competitivo

As empresas de sucesso são aquelas que inovam e promovem um ambiente interno de inovação e criatividade. Essas empresas têm como foco a arregimentação de pessoas que tenham essa predisposição e que também sejam especialistas no que fazem. Sabemos que o mercado está cada vez mais competitivo e, sendo assim, muitas empresas estão no mesmo patamar em relação à tecnologia e à prestação de serviços ao consumidor. Dessa forma, é preciso se **diferenciar**, e isso somente se consegue com investimento no "capital humano", ou seja, nos **colaboradores** das empresas. Muitas empresas entenderam, então, que, atualmente, é preciso investir em treinamentos que desenvolvam o aspecto criativo de cada funcionário. Desse modo, todos saem ganhando, pois o colaborador vê suas ideias sendo colocadas em prática, recebe reconhecimento e pode até participar dos ganhos financeiros do projeto. A empresa também lucra, pois pode oferecer mais um produto ou serviço no mercado, diferenciando-se de seus concorrentes. Conforme Moreira e Stramar (2014, p. 197): "A preocupação primordial da gestão da inovação deve estar, primeiramente, nos indivíduos, e não nos processos e métricas. São as pessoas, por meio de seus valores, experiências, cultura e conhecimento, e de suas interações no ambiente organizacional que agem, criam e inovam".

Com isso, vemos que, ao levar em conta os **indivíduos**, conquista-se o coletivo, em uma relação ganha-ganha, ou seja, ganha o colaborador, ganha a empresa e ganha o consumidor com a nova ideia.

1.2.1 Conhecimento e gestão da inovação na organização

Em muitas empresas inovadoras, existem pessoas que contribuem constantemente com ideias e sugestões que promovem o avanço tecnológico. Segundo Tidd, Bessant e Pavitt (1997), um desses indivíduos é o *sponsor*[3], ou a pessoa com uma visão estratégica da inovação. Trata-se de um indivíduo que angaria os recursos necessários para a realização de um projeto de inovação ou que convence os membros mais resistentes ou céticos da empresa a levar em frente determinado projeto de inovação.

Outra pessoa-chave nas empresas inovadoras é o **inovador do negócio**. Trata-se de um gestor com uma visão comercial de inovação que conhece profundamente o mercado e a perspectiva dos consumidores. O inovador do negócio tem uma vontade clara de inovar, muita responsabilidade, autoridade, entusiasmo e envolvimento. Pode ser o diretor técnico, o diretor de investigação ou o gestor de projeto, bem como o diretor de vendas ou o engenheiro principal.

Por fim, existe a figura do *gatekeeper*[4], a pessoa que reúne todas as informações necessárias e filtra as que têm relevância para o projeto a fim de, assim, dar continuidade a seu desenvolvimento.

No processo de inovação, não é preciso que exista necessariamente uma pessoa para cada um desses papéis. Especialmente

---

3 Originalmente, trata-se do **patrocinador** de projetos de inovação.

4 Originalmente, trata-se do **porteiro**, ou seja, a pessoa que recebe as ideias, organiza-as e as encaminha.

em empresas de pequeno e médio porte, o diretor pode ser o *sponsor*, o inovador do negócio e o *gatekeeper*. Isso não impede que o trabalho como um todo seja bem-feito.

Observamos que, em empresas inovadoras, é preciso que se crie um ambiente especial para que novos produtos ou serviços possam aparecer. É necessário que a diretoria, assim como toda a empresa, demonstre uma **nova visão administrativa** para isso, ou seja, a **delegação de funções** e a **descentralização** podem ajudar – e muito – nesse processo. Enquanto empresas tradicionais, consideradas rígidas e hierárquicas, criam barreiras que podem dificultar o processo criativo, empresas inovadoras abusam do lado empreendedor e arriscam, aplicando novos conceitos e uma nova visão administrativa.

1.3 Geração de ideias

Domingos (2009) narra uma história de empreendedorismo que ilustra bem como acontece a geração de ideias nas oportunidades disfarçadas que a vida nos oferece:

> Com apenas 16 anos de idade, David tentava ganhar a vida em Nova York (EUA), longe da casa dos pais, vendendo enciclopédias de porta em porta. Porém, bastava que as donas de casa o vissem com os livros debaixo do braço para dizer: "não estou interessada, obrigada".
>
> Era o final do século XIX, e a situação econômica dos EUA não ia nada bem. Havia ameaça de recessão, muitos desempregados na rua, e o dinheiro andava curto.

— Se ao menos elas me ouvissem, tenho certeza de que se interessariam pelos livros — resmungava David para um amigo farmacêutico, proprietário da drogaria na esquina de sua pensão.

Mais velho e experiente, o homem aconselhava:

— David, mulheres não querem saber de livros. Elas só pensam em uma coisa: ficar mais bonitas e atraentes.

Observando os produtos expostos no balcão da farmácia, o rapaz pensou alto:

— E se eu oferecer algum brinde, sei lá, um perfume, será que elas topam ver meus livros?

Podia dar certo. Para ajudar o amigo, o farmacêutico misturou diversos ingredientes até chegar a uma fragrância que ambos julgaram agradável. David comprou, então, pequenos frascos de vidro e os preencheu com o líquido. No dia seguinte, animado, saiu mais cedo do que de costume. Bateu na primeira casa. Assim que a mulher apareceu, ele falou rápido:

— A senhora aceita uma amostra grátis de um delicioso perfume?

— Perfume? — quis saber a mulher, interessada.

Enquanto ela se entretinha com a fragrância, colocava atrás das orelhas e nos pulsos, o rapaz aproveitou para falar das enciclopédias. Destacou o conteúdo primoroso, as ilustrações elaboradas, o acabamento de luxo. Disse que os livros ajudariam os filhos na escola, o marido no trabalho e a mulher nas reuniões sociais. De repente, como se o encanto tivesse se quebrado, a senhora voltou a si, fechou o frasco e disse para o rapaz com voz séria:

— Lamento, moço, mas não posso comprar livros agora. Até gostaria, mas o orçamento está apertado. Adorei o perfume. Posso ficar com ele?

David sentiu um misto de alegria e decepção. Alegria, porque seu plano tinha dado certo: aquela cliente o ouviu mais do que qualquer outra até então. Decepção porque, afinal, não conseguiu vender a enciclopédia.

O jeito era insistir. Ele repetiu a estratégia em diversas casas, e a história foi a mesma. As mulheres aceitavam o perfume, mas não queriam saber das publicações. Quando os frascos acabaram, David desanimou. Cansado, sem dinheiro, pensou em abandonar tudo e voltar para a casa dos pais. Quando caminhava pensativo pela rua, uma senhora o interceptou:

— Moço, você ainda tem aquele perfume maravilhoso? Meu marido adorou. Eu queria comprar dois frascos.

Uma luz acendeu na cabeça do rapaz. Por que não deixar os livros de lado e vender os perfumes? Foi assim que David McConnell criou a Avon.

Fonte: Adaptado de Domingos, 2009, p. 27-28.

A história da criação da empresa de cosméticos Avon é inspiradora e nos mostra que **persistência** é diferente de **insistência**. Observe que a criação de um novo produto se deu quando o empreendedor percebeu uma demanda para um novo mercado.

1.4 Criatividade e cultura

A criatividade influencia as decisões e as formas de geração de ideias e não é apenas fruto de comportamentos que aprendemos

em casa, com a família, mas na sociedade como um todo.
Muitas vezes, a criatividade é fruto dos hábitos, dos costumes e do meio em que as pessoas convivem, ou seja, é produto da cultura dos indivíduos.

A **cultura** é um conjunto constituído por padrões de comportamento, crenças, conhecimentos e costumes que são transmitidos de geração a geração e que distinguem um grupo social, bem como estruturam os indivíduos para interagir com seu ambiente psíquico e social (Houaiss; Villar; Franco, 2001; Lubart, 2007).

A **perspectiva de sistemas** de Csikszentmihalyi (1996) apresenta o **domínio** como um de seus componentes, o qual consiste em um conjunto de regras e procedimentos simbólicos estabelecidos culturalmente, ou seja, conhecimento acumulado, estruturado, transmitido e compartilhado em uma sociedade ou por várias sociedades; por outro lado, os domínios podem ser modificados por meio de contribuições criativas (Alencar; Fleith, 2003).

Sabemos que um produto novo, criativo, diferente e original pode ou não ser aceito socialmente, dependendo da cultura local. Um exemplo típico disso são as pinturas do holandês Vincent van Gogh (1853-1890), cuja genialidade foi reconhecida somente após sua morte.

Além disso, existem **diferenças** entre as culturas. Segundo Niu e Sternberg (2002), existe uma diferença entre a cultura ocidental e a oriental no modo de entender o que é criatividade e na definição de sua origem. No Ocidente, há duas origens para a criatividade: uma se baseia na criação bíblica por Deus, e a outra, na inspiração grega antiga das musas. Na China, a criatividade provém das ideias de produção e renovação infinita da natureza, das mutações do *tao*, do *tai-chi* ou do *yin/yang*.

Na tentativa de descobrir o potencial da criatividade do ser humano, os estudiosos criaram diversas técnicas e métodos. Uma das mais famosas é a **teoria dos seis chapéus**, criada com o objetivo de incentivar e desenvolver a criatividade no ambiente empresarial.

No *site* Portal Gestão (2012) consta um artigo que mostra de maneira clara e didática como realizar essa técnica. A seguir, apresentamos seu passo a passo[5].

1.4.1 Seis chapéus do pensamento

Essa é uma técnica que podemos aplicar em qualquer empresa que pretende estimular a criatividade de seus colaboradores. O grande objetivo aqui consiste em bloquear os confrontos de diferentes pessoas que discutem assuntos em comum. A técnica altera o foco da "divisão de ideias" para a "associação das ideias". Isso faz com que todos os integrantes (ou chapéus) sejam importantes para a elaboração do problema em questão. Os chapéus indicam estados emocionais e/ou linhas de pensamento de cada um, ou seja, demonstram a perspectiva por meio da qual cada integrante vê algo. Quando aplicamos essa técnica, fica claro que um estilo de pensamento – ou chapéu – não é inerentemente "melhor" do que outro. Em outras palavras, uma equipe completa e equilibrada reconhece a necessidade de todos os chapéus estarem presentes para considerar todos os aspectos que devem enfrentar.

---

5 Texto adaptado pelos autores.

O método *Seis chapéus do pensamento* é um bom artifício para verificar as consequências de uma decisão considerando-se diferentes pontos de vista.

Cada "chapéu do pensamento" corresponde a um estilo de pensamento peculiar. Ao utilizá-los, é preciso seguir algumas orientações:

a. **Chapéu branco** – É preciso se concentrar nas informações (e dados) disponíveis e avaliar o que se pode aprender com essa informação, atentando-se também para sua consistência e veracidade.

b. **Chapéu vermelho** – O olhar deverá ser direcionado aos problemas por meio da intuição (e principalmente da emoção).

c. **Chapéu preto** – O foco deve recair sobre os pontos negativos da decisão. A orientação é analisar apenas o lado ruim dos fatos, os pontos fracos, as consequências desastrosas da escolha de determinado caminho. Esse chapéu ajuda a equipe a realizar planos mais resistentes e mais resilientes[6] (Portal Gestão, 2012).

d. **Chapéu amarelo** – É necessário olhar apenas os aspectos positivos dos fatos e analisar os benefícios de uma decisão.

e. **Chapéu verde** – Ao utilizar esse chapéu, a pessoa deve dar vazão a sua criatividade com soluções criativas para determinado problema.

---

6 *Resiliência* é a capacidade de uma pessoa ou de um objeto voltar a seu estado natural, principal-mente após alguma situação crítica e fora do comum; ou seja, é a capacidade de aguentar as difi-culdades e superá-las.

f.   **Chapéu azul** – Esse é o chapéu do controle da situação e é utilizado por quem dirige a reunião, coordenando os trabalhos. Pode, por exemplo, acionar o chapéu do pensamento verde, quando faltam ideias no grupo ou solicitar a opinião do chapéu do pensamento preto para uma decisão mais racional sobre o assunto.

Na Figura 1.2, a seguir, vemos um esquema resumido do método dos seis chapéus do pensamento.

Figura 1.2 – Método dos seis chapéus do pensamento

| Azul | vista aérea controle decisão processo | | informações fatos dados | Branco |

Seis chapéus

| Preto | crítica riscos obstáculos cautela | criatividade evolução novas ideias opções | Verde |

| Vermelho | emoções sentimentos palpites intuição | benefícios logica visão positiva viabilidade | Amarelo |

Fonte: Adaptado de De Bono, 2004.

Com isso, vemos que essa técnica é válida em um processo de decisão em grupo, uma vez que, justamente por estarem em uma equipe, as pessoas podem se perder em seus pensamentos e não centrar o foco naquilo que é preciso fazer. Assim, é necessário ter criatividade, mas também devemos pesar os prós e os contras das novas ideias; além disso, é necessário considerar as consequências que uma decisão pode provocar.

Sabemos que nem sempre a pessoa que teve uma ideia tem também a noção de até onde ela pode chegar ou dos eventos que pode desencadear. Com esses seis chapéus, é possível direcionar, organizar, controlar e, ao mesmo tempo, deixar fluir o pensamento, o que garante maior efetividade em uma reunião sobre assuntos como o sucesso ou o fracasso de um produto ou serviço oferecido pela empresa.

É comum que, quando reunidas em grupo, as pessoas demonstrem dificuldade de se expressar, de mostrar o que estão sentindo com relação às decisões e problemas que lhes são apresentados. Com o método dos Seis chapéus do pensamento, isso pode ser resolvido porque, ao utilizá-los, as pessoas tendem a agir conforme a instrução daquele objeto e não apenas segundo sua própria vontade. Atuando de maneira diferente do modo com que está acostumado a atuar, o indivíduo pode encontrar uma variedade de novas ideias e caminhos que certamente desconsideraria em outras condições.

Conforme a natureza do tema, problema ou decisão, os integrantes que vestem os chapéus podem atuar em determinada sequência, A fim de ilustrar essa situação, apresentamos uma sequência hipotética com cinco etapas, como a proposta a seguir:

» **Etapa 1** – A pessoa que porta o chapéu branco apresenta o caso.

» **Etapa 2** – O indivíduo que usa o chapéu verde expõe algumas ideias sobre como o caso poderia ser resolvido.

» **Etapa 3** – Aquele que utiliza o chapéu amarelo avalia o teor das ideias e o de chapéu preto lista as vantagens e desvantagens dessas sugestões.

» **Etapa 4** – O sujeito de chapéu vermelho sugere que todos ali expressem seus sentimentos (os feelings) sobre as alternativas sugeridas.

» **Etapa 5** – Por fim, a pessoa que usa o chapéu azul resume tudo o que foi discutido e encerra a reunião.

Esse método é uma boa alternativa para avaliar as consequências de uma decisão sob diversos pontos de vista, pois confere um pouco de emoção a decisões puramente racionais e certo grau de ceticismo em questões resolvidas normalmente de modo passional. Além disso, abre oportunidades para a criatividade no âmbito da tomada de decisão e diversidade de olhares sobre determinados temas (Portal Gestão, 2012).

Síntese

Neste primeiro capítulo, mostramos como acontece o processo de gestão da informação, ou seja, as etapas para que o conhecimento seja sistematizado e transformado posteriormente em um ambiente onde exista um clima propício para a inovação. Sobre isso, analisamos também a inovação como um fator competitivo, ou seja, como ela pode fazer a diferença para a empresa que dela se utilizar em relação aos concorrentes. A partir disso evidenciamos que é preciso não apenas gerar inovação, mas também – e principalmente – realizar o gerenciamento do produto/serviço do que foi gerado pelo processo de inovação. Por fim, vimos como acontece a geração de ideias, processo muito bem explicado pela teoria dos chapéus.

Questões para revisão

1. Analise o excerto a seguir: "as empresas de sucesso são aquelas que inovam e promovem um ambiente interno de inovação e criatividade. Essas empresas têm como foco a arregimentação de pessoas que tenham essa predisposição e que também sejam especialistas no que fazem". Agora avalie as sentenças a seguir em relação à essa informação:

    I. Trata-se de empresas que têm a inovação como política interna.

    II. São empresas que promovem a capacitação das pessoas.

    III. Constata-se que, nessas empresas, as pessoas já estão predispostas a inovar.

    Está correto o que se afirma em:

    a. I, apenas.

    b. I e II, apenas.

    c. II, apenas.

    d. I e III, apenas.

2. Analise a afirmação a seguir: "É preciso 'liberar' as pessoas para o processo criativo, e isso exige treinamento constante, além de capacidades humanas como a coragem e a desinibição na expressão de ideias e opiniões". No contexto da frase e em relação às empresas, o que pode ser esse treinamento?

3. No processo do desenvolvimento da criatividade em uma empresa, pessoas-chave são responsáveis por diversas etapas. Nesse contexto, descreva a figura do *sponsor*.

4. Um produto novo, criativo, diferente e original pode ou não ser aceito socialmente, dependendo da cultura local. Sobre isso, analise as afirmações a seguir:

   I. Um exemplo é Van Gogh, que teve sua arte reconhecida somente após sua morte.

   II. Outro exemplo é o telefone celular, que não poderia ser aceito nos anos de 1980 no Brasil porque as pessoas prefeririam a modalidade fixa.

   III. Outro exemplo ainda é a TV de plasma, que obtém sucesso somente porque a população está pronta para isso hoje em dia.

   Está correto o que se afirma em:

   a. I, apenas.

   b. I e II, apenas.

   c. II, apenas.

   d. I e III, apenas.

5. "É com ele que podemos desenvolver soluções criativas para
um problema. Ao utilizar esse chapéu, o pensamento deve
fluir sem barreiras ou críticas, por meio da associação livre
de ideias, sem preconceitos". Considerando a teoria dos seis
chapéus, aqui estamos falando do chapéu:

a. preto.

b. verde.

c. vermelho.

d. azul.

Questões para reflexão

A ideia aqui é que você, após a leitura deste capítulo, reflita,
considerando algumas perguntas sobre tudo o que viu nas páginas anteriores. Gostaríamos que você realizasse, então, uma
conexão do conteúdo do capítulo com seu cotidiano de trabalho.
Leia com atenção as questões a seguir e responda a cada uma
delas com sinceridade.

1. A inovação por si só é uma condição necessária para uma
organização? Será que a máxima "não se mexe em time
que está ganhando" é válida nas empresas nos dias atuais?

2. A geração de ideias é algo que você verifica comumente na
empresa em que trabalha?

Perguntas e respostas

1. A criatividade vem "do nada" ou é desenvovida?

   Resposta: Muitas pessoas pensam que a criatividade vem "do nada", que é inata ao ser humano. A verdade é que ela é desenvolvida, aos poucos, durante a vida dos indivíduos. Com isso, as pessoas que recebem mais estímulos para criar certamente serão consideradas criativas.

2. Qual é o papel do *gatekeeper* na gestão da inovação?

   Resposta: O *gatekeeper* é a pessoa que reúne todas as informações necessárias e filtra as que têm relevância para o projeto a fim de, assim, dar continuidade a seu desenvolvimento.

3. Qual é a relação entre a criatividade e a cultura no processo de geração de ideias?

   Resposta: A criatividade influencia as decisões e as formas de geração de ideias e não é apenas fruto de comportamentos que aprendemos em casa, com a família, mas na sociedade como um todo. Muitas vezes, a criatividade é fruto dos hábitos, dos costumes e do meio em que as pessoas convivem, ou seja, é produto da cultura dos indivíduos.

4. Qual é o objetivo da técnica dos seis chapéus do pensamento?

   Resposta: O objetivo dessa técnica consiste em bloquear os confrontos de diferentes pessoas que discutem assuntos em comum. A técnica altera o foco da "divisão de ideias" para a "associação das ideias". Isso faz com que todos os integrantes (ou chapéus) sejam importantes para a solução do problema em questão.

5. Como a técnica dos seis chapéus contribui para a tomada de decisão?

Resposta: Contribui para verificarmos os efeitos de uma decisão com base vários e diferentes pontos de vista. A técnica permite aflorar a emoção e o ceticismo necessários àquilo que, de outra maneira, seriam apenas decisões racionais; ela abre uma janela de oportunidades para a criatividade no processo de tomada de decisões.

Consultando a legislação

Você cria um produto ou serviço e resolve dar a ele um nome, uma forma, um logotipo, enfim, caracterizar sua criação. Você sabe como se faz isso? O Instituto Nacional da Propriedade Intelectual (Inpi), ligado ao Ministério do Desenvolvimento, Indústria e Comércio Exterior (MDIC), tem um *site* em que você pode esclarecer todas essas dúvidas. Consulte-o e fique por dentro do passo a passo para o registro de marcas e patentes, além de outras informações importantes.

BRASIL. **Instituto Nacional da Propriedade Intelectual**. Disponível em: <http://www.inpi.gov.br>. Acesso em: 5 jan. 2017.

capítulo 2

avaliação e desenvolvimento do produto

Conteúdos do capítulo:

» Processo de desenvolvimento do produto.

» Testes de marketing.

Após o estudo deste capítulo, você será capaz de:

1. apontar os processos necessários para o desenvolvimento de novos produtos;

2. identificar as variáveis que determinam o sucesso ou o fracasso de novos produtos;

3. compreender o papel, as vantagens e as limitações dos testes de marketing.

O processo de desenvolvimento de um produto surge da **segmentação do mercado**, da **definição de clientes-alvo**, da **identificação de necessidades** e do **posicionamento de mercado**. Levando esses aspectos em consideração, uma empresa pode adotar dois caminhos para inserir novos produtos no mercado: por meio da aquisição, ou seja, da compra de produtos de um fornecedor, ou por meio da produção de novos produtos, ou seja, da compra de matéria-prima e da produção para vender. Kotler (2003) identifica seis categorias de novos produtos:

1. **Produtos inteiramente novos** – Produtos novos que criam um mercado totalmente novo.

2. **Novas linhas de produtos** – Permitem a entrada de novos produtos em mercados estabelecidos.

3. **Acréscimos de linhas de produtos existentes** – Novas linhas que complementam linhas de produtos já existentes.

4. **Aperfeiçoamento e revisão de produtos existentes** – Novos produtos que oferecem um melhor desempenho ou um valor maior percebido, substituindo os produtos existentes.

5. **Reposicionamentos** – Produtos existentes direcionados para novos mercados ou para novos segmentos de mercado.

6. **Reduções de custo** – Novos produtos que oferecem desempenho similar a um custo menor.

O sucesso ou o fracasso do desenvolvimento de novos produtos depende da **análise** do projeto e da **orientação** dada e ele. Para Kotler (2003), os fatores que determinam o resultado de um projeto podem ser divididos em três grupos distintos:

1. **Orientação para o mercado** – Os novos produtos devem ser altamente diferenciados em relação à concorrência e devem satisfazer as necessidades dos clientes.

2. **Planejamento e especificação** – Antes do desenvolvimento do novo projeto, os produtos devem apresentar viabilidade técnica e econômica para garantir o sucesso da nova ideia a ser desenvolvida.

3. **Fatores internos** – Definem a qualidade das atividades técnicas relacionadas ao desenvolvimento de novos produtos, com base na capacitação da equipe, no orçamento do projeto e na inovação.

Na área de marketing, o desenvolvimento de produtos abrange: a criação de um novo produto; as modificações ou adaptações de produtos existentes; e o desenvolvimento de alterações no produto em relação a caraterística, forma, tamanho, acabamento ou embalagem. Pode ser um produto novo no mercado ou incrementos diferenciais em produtos existentes e atende aos três aspectos definidos por Kotler (2003), os quais apresentamos no Quadro 2.1, a seguir.

Quadro 2.1 – Aspectos do produto

Um produto deve atender a três aspectos	
Aspecto produtivo	Produção industrial tecnicamente possível
Aspecto mercadológico	Aceitabilidade pelo público-alvo
Aspecto financeiro	Capacidade de promover retorno lucrativo do investimento

Uma ferramenta fundamental para o sucesso do desenvolvimento de novos produtos é a análise SWOT que a empresa pode realizar observando o cenário interno (seus pontos fortes e fracos) e o cenário externo (oportunidades e ameaças) do mercado consumidor.

O primeiro passo que uma empresa pode adotar para aplicar a análise SWOT[1] é observar seu **cenário interno**, pontos fortes e pontos fracos, ou seja, o que é controlado pela empresa.

---

1 O termo **SWOT** é um acrônimo das palavras em língua inglesa *strengths* (forças), *weaknesses* (fraquezas), *opportunities* (oportunidades) e *threats* (ameaças). A análise SWOT é uma ferramenta estrutural da administração e é utilizada para avaliar os ambientes internos e externos e formular estratégias de negócios para a empresa com vistas á otimização de seu desempenho no mercado. Em síntese, é utilizada para o desenvolvimento de planejamento estratégico quando se pretende compreender o posicionamento da empresa em dado momento e as possibilidades de inserção dos negócios num cenário futuro.

Nesse caso, a empresa deve analisar sua produção, seu comercial,
seu marketing, sua capacidade de tecnologia, além de recursos humanos, materiais e, principalmente, financeiros.

Logo na sequência, a empresa deve analisar o **cenário externo**, suas oportunidades e ameaças, ou seja, fatores que não são controlados por ela. Nesse caso, deve investigar os concorrentes, clientes, parceiros, fatores econômicos, políticos, sociais e tecnológicos.

Após o levantamento dos dados internos e externos, a empresa deve aproveitar as oportunidades de mercado usando suas forças, melhorar suas fraquezas e aniquilar suas ameaças. As empresas podem observar que o cenário concorrencial tem se ampliado em razão de processos como a **globalização** e a **expansão dos mercados**, o que exige um novo posicionamento, com o objetivo de introduzir novos produtos para garantir sua fatia de mercado.

Alguns fatores, segundo Kotler e Keller (2013) são importantes para que o desenvolvimento de produtos atinja seus objetivos de mercado e de satisfação dos clientes, entre eles:

> » **Marketing** – O papel do marketing consiste em atuar com o público-alvo e o mercado consumidor, tendo início na compreensão e na criação de valor, passando pela comunicação e pela entrega do valor criado. Uma boa gestão de marketing ocasiona o sucesso do posicionamento da empresa, pois garante o entendimento das necessidades do mercado, a promoção do produto e a entrega ao consumidor.

» **Inovação** – As políticas de inovação devem permitir os experimentos científicos e empíricos. Assim, o conceito de produto "assume que os consumidores favorecerão aqueles produtos que oferecem mais qualidade, desempenho ou características inovadoras. Os gerentes das organizações orientadas para o produto focam sua energia em fazer produtos superiores, melhorando-os ao longo tempo" (Kotler; Keller, 2013, p. 35). Por outro lado, "a inovação não pode limitar-se apenas à busca da originalidade. Não confundir o criativo com o inusitado, mas principalmente usar a inovação para encontrar soluções para a empresa. Marketing buscando adaptar as características do mercado para o cumprimento dos objetivos empresariais" (Duailibi; Simonsen Jr., 2000, p. 16).

» **Processo de desenvolvimento do produto** – A gestão de projetos de novos produtos deve dar menor atenção à construção dos processos e ter uma preocupação maior com a construção de uma filosofia de desenvolvimento do produto como visão estratégica. Para Mendes (2008, citado por Kotler; Keller, 2013), todo o trabalho de análise, criação e desenvolvimento de produto deve resultar em um negócio de sucesso. O sucesso somente será possível se a empresa conseguir integrar as principais áreas em um esforço criativo e multidisciplinar.

Todas as empresas que se propõem a desenvolver novos produtos devem responder a alguns questionamentos para seu sucesso, como mostra a Figura 2.1, a seguir.

Figura 2.1 – Funil de análise de novos produtos

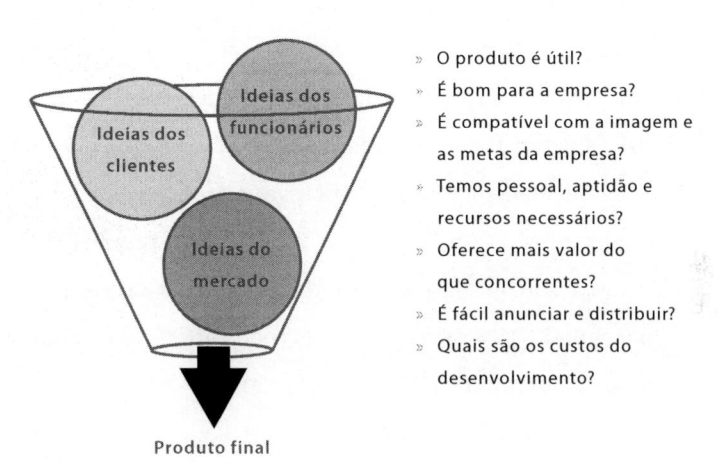

» O produto é útil?
» É bom para a empresa?
» É compatível com a imagem e as metas da empresa?
» Temos pessoal, aptidão e recursos necessários?
» Oferece mais valor do que concorrentes?
» É fácil anunciar e distribuir?
» Quais são os custos do desenvolvimento?

Assim, a empresa pode usar as ideias dos clientes, dos funcionários e do mercado para responder a questões como a utilidade e a compatibilidade do produto a ser criado, além dos outros questionamentos que você pode ver na Figura 2.1. O resultado é o produto final.

2.1 Processo de desenvolvimento do produto

O desenvolvimento de produtos ocorre por meio de um processo sistematizado e complexo de **avaliação** e **mensuração de resultados**. A característica multifuncional do processo envolve trabalho em equipe, integração de funções, objetivos comparti-lhados, fluxo de informações e perspectivas comuns em relação ao desenvolvimento do produto. Destacamos ainda, em um mercado competitivo, a velocidade do processo de avaliação e dos testes do produto. A rapidez nos testes de marketing garante o pionei-rismo no lançamento de produtos, na definição de fornecedores e distribuidores e na promoção do produto para o público-alvo.

Como exemplo, tomemos o caso exposto por Urdan e Urdan (2006, p. 68): "o medicamento Viagra, para disfunção erétil, co-mercializado em mais de 100 países, foi o primeiro da categoria lançado no mercado. No Brasil, apesar da entrada de concorrentes do mesmo gênero, o Viagra conserva 90% de participações com faturamento de 70 milhões de dólares anuais".

O desenvolvimento do produto se inicia com a **concepção**, quando se busca escolher corretamente as características e o mercado-alvo para o lançamento. Com o desenvolvimento do pro-jeto, o produto se torna mais real e se transforma em um conceito.

O processo de desenvolvimento do produto é composto das seguintes etapas, as quais veremos em detalhes a seguir: a) gera-ção de ideias; b) seleção de ideias; c) desenvolvimento e testes de conceito; d) desenvolvimento da estratégia de marketing; e) análise do negócio; f) desenvolvimento do produto; g) teste de mercado; e h) lançamento/comercialização. Essas etapas são mostradas na Figura 2.2, a seguir.

Figura 2.2 – Processo de desenvolvimento de produto | 47

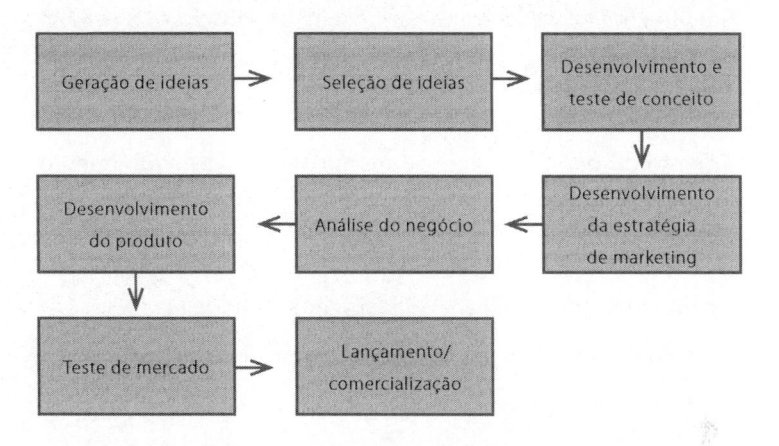

Fonte: Adaptado de Kotler, 2003, p. 357.

Nesse processo, cada etapa é composta de certos critérios que devem ser contemplados antes de se passar para a etapa seguinte. Assim, cada etapa é analisada e avaliada por uma equipe multifuncional, que verifica ações e recursos para sua realização.

2.1.1 Geração de ideias

Todo e qualquer produto tem origem em uma **ideia**. No entanto, nem todas as ideias têm potencial para se viabilizar econômica ou comercialmente. Ainda assim, todas as ideias devem ser ouvidas e analisadas antes de ser descartadas, o que garante a viabilidade e a qualidade do processo.

Essa etapa é a menos dispendiosa do processo de desenvolvimento, mas deve criar uma atmosfera positiva para estimular ideias de novos produtos. Algumas organizações usam uma ferramenta conhecida como *rotação externa*, que é o envolvimento de pessoas externas à empresa no desenvolvimento do produto.

A Gillette, por exemplo, tem uma ideia desenvolvida e lançada no mercado para cada 45 ideias apresentadas.

Existem **técnicas** que facilitam a geração de ideias, entre as quais destacamos (Kotler; Keller, 2013):

» **Definição de atributos** – Definição de produto, melhorias, usos complementares, adaptações etc.

» **Relacionamentos forçados** – Vários produtos se combinam com uma única funcionalidade.

» **Análise morfológica** – Busca de uma resposta para a necessidade de desenvolvimento do produto.

» **Identificação de uma necessidade** – Busca de respostas com a participação do consumidor.

» *Brainstorming* – Viabilidade de uma ideia por meio da participação conjunta de todos os envolvidos.

» **Sinergia** – Participação mais crítica de todos os envolvidos.

Há também várias **fontes** de geração de ideias, dentre as quais destacamos (Kotler; Keller, 2013):

» Fontes internas – equipe de criação, pesquisa e desenvolvimento, funcionários etc.

» Clientes.

» Concorrentes.

» Distribuidores.

» Fornecedores.

» Revistas, feiras e seminários comerciais, agências governamentais, consultores de novos produtos, agências de
propaganda, empresas de pesquisa de mercado, laboratórios de universidades, empresas e inventores.

Independentemente da técnica, a empresa deve estar ciente
de que vai gerar um grande volume de ideias para chegar a uma
ou, no máximo, duas sugestões que poderão seguir para a pró-
xima etapa.

2.1.2 Seleção de ideias

Nessa etapa, busca-se eliminar ideias de novos produtos que
não apresentam uma perspectiva de rentabilidade e, também,
expandir ideias comercialmente viáveis. Essa fase apresenta
alguns riscos (Kotler; Keller 2013):

a. **Risco estratégico** – Risco de que o produto criado não
atenda às necessidades para as quais está sendo projetado e desenvolvido. O sucesso do desenvolvimento do
produto está diretamente relacionado ao tempo e aos
recursos disponibilizados à equipe.

b. **Risco de mercado** – Risco de que o produto não apre-
sente valor agregado como forma de diferenciação no
mercado. Para reduzir esse risco, a organização deve
acompanhar o ritmo das mudanças no mercado, a fim

de direcionar seus esforços para a satisfação das expectativas deste.

c. **Risco interno** – Risco de um produto não ser desenvolvido dentro do período e do orçamento previstos. Para reduzir esse risco, a continuidade dos projetos está sujeita a metas e objetivos de progresso, que devem ser atingidos para garantir o bom andamento do projeto de desenvolvimento do produto.

Assim, independentemente do setor da empresa, o desenvolvimento de novos produtos sempre estará exposto a riscos. Para evitá-los, cabe aos gestores, no processo de desenvolvimento, analisar cada etapa cuidadosamente, com o objetivo de reduzir o máximo possível esses riscos.

2.1.3 Desenvolvimento e testes de conceito

Para Kotler e Keller (2013), um **produto** é uma versão pormenorizada de uma ideia, de modo que faça sentido para o público consumidor.

Assim, o conceito do novo produto deve passar por diversas análises e metodologias distintas, e o investimento no desenvolvimento de tal produto deve ser realizado somente após a realização dos **testes do conceito**.

Para Kotler e Keller (2013), mais preciso será o teste quanto maior for a aproximação do conceito testado com o produto desenvolvido.

2.1.4 Desenvolvimento da estratégia de marketing

Kotler e Keller (2013) sugerem que, após a realização dos testes de conceito, seja desenvolvido um **plano de marketing** para o lançamento do produto no mercado, em três etapas:

1. Definição e descrição do público-alvo, do posicionamento planejado do produto, das metas de vendas e da projeção dos lucros que devem ser atingidos no primeiro ano.

2. Definição e descrição do planejamento do preço, das estratégias logísticas e do orçamento de marketing para o primeiro ano.

3. Descrição das metas de vendas e da lucratividade, bem como da estratégia do composto de marketing para o longo prazo.

Observe que cada etapa é importante para o sucesso do plano de marketing.

2.1.5 Análise do negócio

Essa etapa envolve a **revisão das projeções** das vendas, dos custos e da lucratividade do novo produto, a fim de verificar se os objetivos das empresas estão satisfeitos. Se os objetivos foram alcançados, o projeto de desenvolvimento é levado adiante. A chamada *análise da atratividade* passa pela avaliação do número de vendas e dos custos do projeto.

O objetivo dessa fase consiste em **avaliar se a proposta é atrativa**, cabendo, como vimos, realizar revisões e expansões do produto. Kotler e Keller (2013) destacam dois pontos fundamentais:

1. Para estimar as vendas, a empresa pode examinar o histórico de vendas de produtos semelhantes.

2. A empresa deve estimar os custos e os lucros esperados para o produto, incluindo custos de marketing, de planejamento e desenvolvimento (P&D), de operações e financeiros, com base nas informações obtidas.

Essa etapa é fundamental e exige uma visão realista e fundamentada da viabilidade do negócio. Ela orienta a empresa a continuar ou não com o desenvolvimento do produto em razão das demonstrações financeiras.

2.1.6 Desenvolvimento do produto

Essa é a fase que **define o desenvolvimento do produto,** na qual o conceito aprovado e avaliado nas fases anteriores é efetivamente transformado no produto. O investimento aqui é realizado em maior quantidade, em virtude das características físicas e técnicas do produto.

A seguir, apresentamos um modelo de *briefing* (Quadro 2.2) para o processo de desenvolvimento de produtos.

Quadro 2.2 – *Briefing* para o desenvolvimento de produtos

Sumário	Resumo sintético do produto a ser lançado; descreve o objetivo do lançamento.
Descritivo da linha	Categoria, segmento, tipo de produto, linha de produto.
Informações de mercado	Ambiente de marketing; concorrência (produto, preço e posicionamento).

O *briefing* começa com uma relação de a que o produto deve atender para o início de seu desenvolvimento. Em primeiro lugar, realizamos um **resumo sintético**, ou seja, elencamos com objetividade as características do produto a ser lançado, incluindo o objetivo do lançamento – dizer a que o produto veio, que problemas ele vai resolver etc. Por exemplo, se desejamos criar um aplicativo de chamadas de táxi, a questão a ser resolvida seria "facilitar as chamadas de táxi".

A seguir, descrevemos a **linha** de que o produto vai fazer parte, quer dizer, a categoria, o segmento, o tipo de produto. Por exemplo, se desejássemos criar um sabão em pó, a categoria poderia ser *limpeza*, o segmento seria *limpeza de roupas*, o tipo de produto seria *sabão em pó* e a linha de produto seria *sabão em pó para roupas finas*.

O quadro termina com as **informações de mercado**, ou seja, aquelas que vão influenciar o produto em sua inserção e seu desenvolvimento no campo de atuação. Temos de pensar no ambiente de marketing, incluindo quem serão os concorrentes, quais são suas características físicas, de desempenho, de preço e de posicionamento – ou seja, como eles se apresentam ao mercado, como querem ser vistos pelos clientes.

Após esse primeiro passo, devemos partir para a **segmentação do público-alvo** e também para a questão de como o produto será visto pelo mercado, ou seja, como será seu posicionamento (Quadro 2.3).

Quadro 2.3 – Segmentação de público-alvo
e posicionamento

Segmentação	Geográfica (região, características); demográfica (sexo, idade, renda, educação, profissão/ocupação); psicográfica (estilo de vida, valores pessoais, cultura, influências religiosas); por hábitos e tendência de consumo.
Público-alvo	Consumidores do produto.
Posicionamento	Serviços agregados (diferenciais) e apelos.

A **segmentação**, ou seja, a **divisão do mercado em fatias**, pode ser **geográfica** (país, cidade ou bairro), **demográfica** (sexo, idade, renda, educação, profissão ou ocupação) e **psicográfica** (estilo de vida, valores, cultura), bem como por **hábitos** e **tendências** de consumo. Um exemplo seria uma loja de calçados, que pode estar em Curitiba (segmentação geográfica), com comércio de sapatos femininos (demográfica) voltados para executivas (estilo de vida) e que não têm muito tempo para a escolha dos produtos (hábitos e tendências de consumo).

O **público-alvo** são os clientes que o produto objetiva atender, os quais apresentam os perfis que destacamos no parágrafo anterior. O **posicionamento** indica como esse produto se colocará na mente no consumidor, ou seja, como ele será conhecido: Pelo preço baixo? Por uma qualidade superior aos outros? Pela facilidade de entrega? Pela proximidade? Para isso, são criados serviços agregados e apelos que podem ajudar o consumidor a entender os pontos em que o produto se diferencia dos demais e como ele pode se destacar no mercado.

Após esse passo, precisamos definir o **posicionamento de preço**, a **previsão** e os **canais de vendas**, bem como a **programação de lançamento** (Quadro 2.4).

Posicionamento de preço	Preço – posicionamento da linha ou do produto; margem de lucro.
Previsão de vendas	Volume; estimativa de vendas produto a produto (lançamento, reposição, sazonalidade).
Canais de vendas	Loja, distribuidores, internet.
Programação de lançamento	Cronograma e programação (estratégia de comunicação); funcionários; ponto de venda; representantes/ distribuidores; consumidores finais.

O **posicionamento de preço** consiste em estabelecer quanto vai custar o produto, de acordo com seu valor de produção, impostos envolvidos, margem de lucro esperada e relação com os demais concorrentes. Logo em seguida, realizamos uma **estimativa de vendas** do produto, envolvendo o lançamento em si, sua reposição nos pontos de venda e a sazonalidade, ou seja, o tempo que se leva para atingir o lucro esperado e a oscilação deste.

Também é importante pensarmos nos **canais de vendas**, quer dizer, onde o produto estará disponível (lojas, supermercados, internet etc.), além de programar o **lançamento** desse produto, que abrange o cronograma, a estratégia de comunicação e o pessoal envolvido, entre outros.

Para exemplificar todo esse quadro, podemos pensar na edição de um livro de autoajuda. Ele pode custar R$ 55,00 no lançamento, passar para R$ 65,00 após seis meses no mercado, ter duas edições em até 12 meses, estar disponível em livrarias e em seções de supermercados e ter equipe promocional nos pontos de venda em datas especiais.

Nessa fase, não podemos deixar de lado as **características do produto**, ou seja, o visual, os atributos funcionais, a embalagem e os custos envolvidos nesse aspecto. O Quadro 2.5 mostra de maneira objetiva como se deve proceder.

Quadro 2.5 – Características dos produtos

Descrição do produto	Novo; modificação; *benchmarking*; características visuais, sensoriais e olfativas.
Atributos funcionais	Formulação (ativos); fragrância (direção olfativa).
Embalagem	Descrição dos componentes; características: formato, cor, embalagem, material, volume e peso.
Custos	Matérias-primas; material de embalagem; produção.

Nessa fase, devemos nos perguntar: O produto é novo? Ele é modificado? Quais são seus atributos? E a cor da embalagem, seu formato, material e peso? Quais são os custos de tudo isso?

Essas são perguntas que devemos elaborar quando do lançamento de um novo produto no mercado. Podemos exemplificar esse quadro pensando em um novo perfume. Ele pode ser uma variação de perfume masculino (descrição do produto), amadeirado e próprio para a noite (atributos funcionais), em tamanho médio, na cor marrom-escura, em frascos de 180 ml e disponível em caixas de papelão (embalagem), com a utilização de matéria-prima da Amazônia (custos). Em outros termos, precisamos descrever exatamente como o produto está descrito no projeto, antes de estar disponível ao mercado.

Quadro 2.6 – Processo produtivo e resultados

Processo produtivo	Investimentos tecnológicos; fornecedores elencados para trabalhar no projeto; proposta de *design*; estúdio de criação; *website* etc.; desativação.
Projeção de resultados	Retorno financeiro em curto, médio e longo prazos.

Por fim, o **processo produtivo** (Quadro 2.6) nos mostra as etapas de elaboração do produto, bem como os resultados esperados. Aqui, devemos definir os fornecedores que vão trabalhar no projeto, a proposta de *design*, o estúdio de criação, a inserção na esfera digital (*sites*, redes sociais, aplicativos, por exemplo) e o retorno que todo esse processo vai trazer no curto, médio e longo prazos.

2.1.7 Teste de mercado

Nessa etapa, é necessário realizar uma **simulação do produto**, aplicando um teste de mercado no público consumidor em um mercado mais realista. Aqui, devem ser contempladas questões importantes, como a praça a ser aplicada, o período de duração e os critérios de avaliação (Kotler; Keller, 2013).

Ressaltamos que, mesmo com todos os critérios respeitados, o público-alvo selecionado representa apenas uma amostra do mercado, e podem ocorrer variações na avaliação do produto quando de seu lançamento em grande escala.

Nessa etapa, é importante realizarmos **pré-testes**, que consistem no desenvolvimento, na avaliação e no aperfeiçoamento dos conceitos de produtos e do *mix* de marketing antes da aplicação do teste do mercado, os quais contemplem os seguintes aspectos (Kotler; Keller, 2013):

a. Determinação dos benefícios oferecidos pelo produto que, diferenciado, esteja de acordo com as necessidades dos consumidores.

b. Desenvolvimento e aperfeiçoamento da criação e da oferta, a fim de se perceber se a oferta é clara, viável e está relacionada com as necessidades dos consumidores.

A pesquisa conhecida como *testes de textos* pode ser utilizada para a avaliação de planos criativos e ofertas alternativas. Assim, reduz-se o número de alternativas a serem testadas, o que, consequentemente, reduz os custos dos testes e aumenta a precisão da leitura dos resultados apresentados por eles.

A etapa de testes reúne cinco fatores importantes para avaliarmos o mercado analisado (Kotler; Keller, 2013):

1. o produto ou o serviço;
2. o veículo de comunicação que atinge o mercado-alvo;
3. o recorte temporal correto;
4. a comunicação e a publicidade;
5. a oferta ou a promoção.

Após a etapa de testes, é necessário realizar uma **avaliação pós-teste** com o objetivo de mensurar qualidade das respostas, o que contribui para a compreensão do comportamento dos respondentes, a fim de localizar pontualmente os seguintes aspectos (Kotler; Keller, 2013):

a. **Vendas incrementais** – O grau em que o novo público foi atraído pela oferta diante dos atuais consumidores que subsidiam as vendas.
b. **Conquista da concorrência** – O grau de transformação dos clientes experimentadores da concorrência em clientes usuais.

c. **Mudança de atitude** – O grau de alavancagem da imagem da marca do produto.

Assim, cada uma das etapas atende a uma necessidade, sendo que essa última é a que nos fornece as informações mais relevantes para o aperfeiçoamento dos produtos.

2.1.8 Comercialização/lançamento

Nesse ponto, temos o lançamento do novo produto, que pode ocorrer antes, depois ou ao mesmo tempo que a concorrência. Se ele for lançado antes da concorrência, os riscos serão reduzidos. Nem sempre lançamentos em escala global são os mais eficazes, pois os mercados têm ritmos e estágios de desenvolvimento diferenciados. Assim, um lançamento em etapas e locais diferentes pode ser benéfico quando a empresa explora os benefícios de apenas um mercado antes de ampliar sua ação para os demais.

A **avaliação** e o **desenvolvimento** do produto têm como objetivo decidir se este deve ser direcionado à linha de produção, como forma de antecipar as reações do mercado, o que leva ao estabelecimento de estratégias eficazes de posicionamento de mercado. O propósito consiste em testar o produto em ambientes naturais e em situações reais, para mensurar e avaliar seu desempenho e sua funcionalidade. O desenvolvimento de produtos exige trabalho técnico com a definição de características e especificações, projetos e métodos de produção e definição dos testes a serem aplicados.

A vantagem dos testes de marketing é que eles permitem a avaliação do esforço de marketing (produto, preço, praça e promoção) sem os custos da introdução do produto em grande escala no mercado.

Os produtos não surgem "do nada", nem isso acontece mediante um *insight* após o outro. Na Figura 2.3, a seguir, expomos o passo a passo para o desenvolvimento de um produto, que começa na geração de ideias e vai até a análise pós-lançamento. É importante sabermos isso, pois, como um método, a geração de novos produtos pode ser replicada em qualquer empresa ou escola, estimulando o empreendedorismo.

Figura 2.3 – *Stage-gate system* (metodologia para desenvolvimento de produtos)

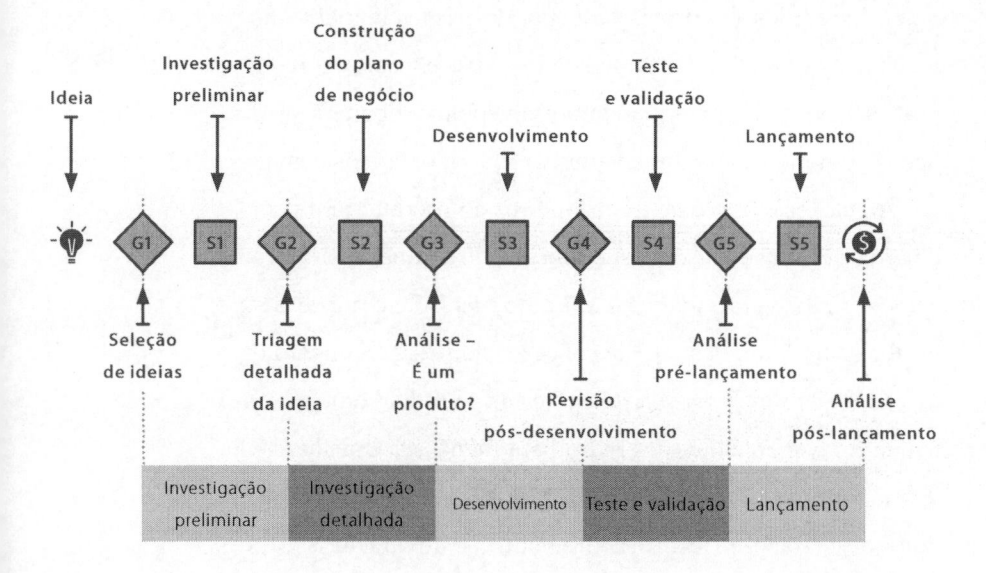

Fonte: Adaptado de MBI, 2017.

Kotler e Keller (2013) destacam alguns fatores que impedem o desenvolvimento de novos produtos, tais como:

» **Escassez de ideias importantes em determinadas áreas** – Nessas áreas, podem restar poucas alternativas para melhorar certos produtos básicos.

» **Mercados fragmentados** – A forte concorrência leva à fragmentação do mercado.

» **Restrições sociais e governamentais** – Os novos produtos devem atender a requisitos ambientais e de segurança.

» **Custo do processo de desenvolvimento** – Normalmente, uma empresa precisa gerar muitas ideias para encontrar uma que valha a pena ser desenvolvida.

» **Escassez de capital** – Certas empresas têm boas ideias, mas não são capazes de obter os recursos necessários para pesquisá-las e lançar os respectivos produtos.

» **Necessidade de menor prazo para o desenvolvimento** – Empresas que não são capazes de desenvolver novos produtos ficam em situação de desvantagem rapidamente.

» **Menores ciclos de vida dos produtos** – Quando um novo produto é bem-sucedido, as empresas rivais rapidamente o copiam.

A *Gould Corporation* (empresa fictícia) estabelece os seguintes critérios de aceitação para o desenvolvimento de produtos:

a. O produto deve ter condição de ser lançado em até cinco anos.

b. O produto deve ter um potencial de mercado de, pelo menos, US$ 50 milhões e uma taxa de crescimento de, pelo menos, 15%.

c. O produto deve fornecer retornos de, pelo menos, 30% sobre as vendas e 40% sobre o investimento.

d. O produto deve conseguir a liderança técnica ou de mercado.

Por outro lado, a 3M, fabricante de mais de 60 mil produtos, incentiva todos os funcionários a serem defensores da marca, apresentando uma regra de dedicação de 15% do tempo para projetos de interesse pessoal.

Cada ideia apresentada é liderada por um defensor executivo, que organiza e direciona os trabalhos. A lógica da 3M consiste em esperar alguns fracassos, aprendendo com eles e desenvolvendo novas ideias, inclusive distribuindo prêmios pelos produtos lançados.

A Figura 2.4, a seguir, mostra o processo de desenvolvimento de produto. Ele começa na fase **pré** (com o planejamento estratégico), passa pelo **desenvolvimento** (quando o produto é efetivamente desenvolvido) e termina na fase **pós** (com o acompanhamento do produto ou sua descontinuidade).

Figura 2.4 – Processo de desenvolvimento de produto

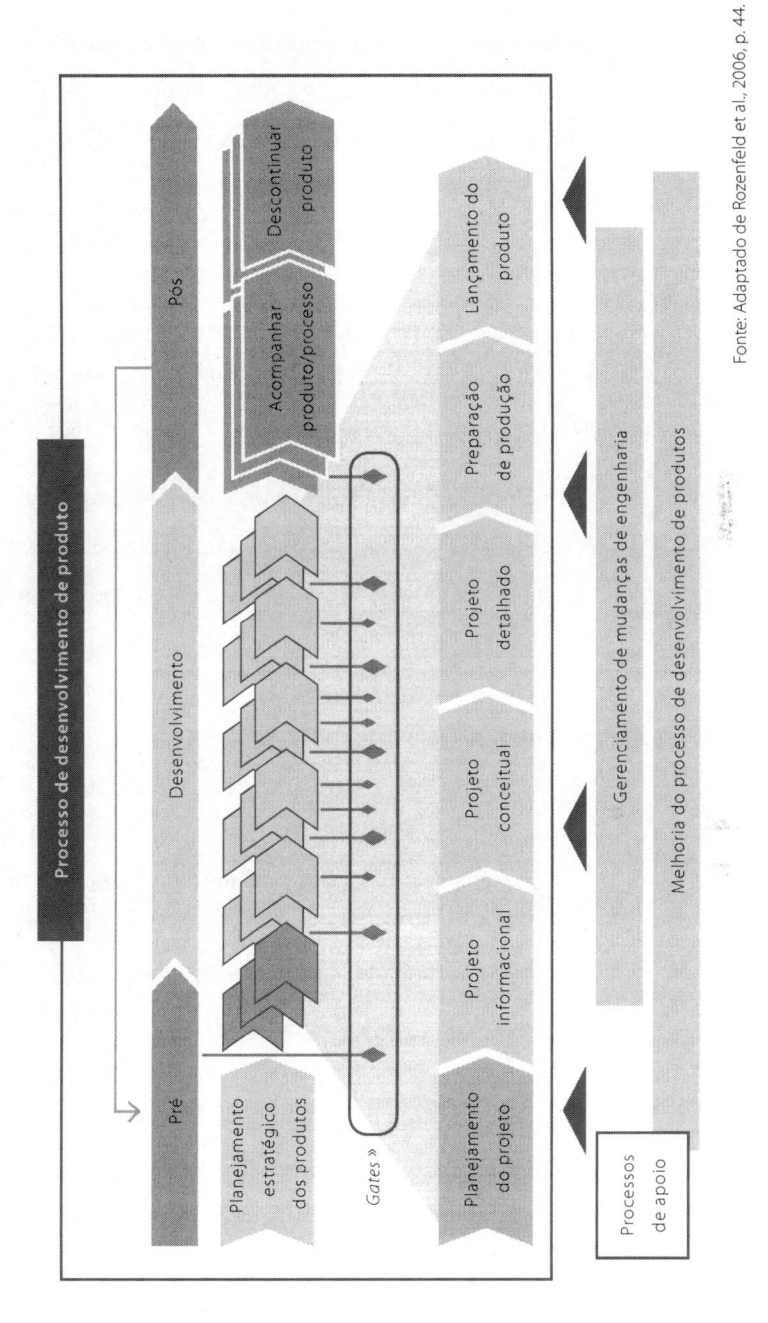

Fonte: Adaptado de Rozenfeld et al., 2006, p. 44.

Então, desenvolver um produto envolve diversos passos, como acabamos de ver, mas é preciso também uma estrutura favorável para o desenvolvimento de novos produtos.

2.2 Estrutura organizacional para o desenvolvimento de novos produtos

As empresas se estruturam para organizar a política de desenvolvimento de produto, sendo as estruturas mais comuns (Kotler; Keller, 2013):

a. **Gerentes de produto** – Muitas empresas atribuem à gerência de produtos a responsabilidade pelo desenvolvimento de novas ideias. No entanto, isso pode apresentar alguns problemas, como a falta de tempo e de atenção para novos produtos, em virtude do foco nas linhas de produtos já existentes.

b. **Gerente de novos produtos** – Essa função profissionaliza o desenvolvimento de novos produtos, mas pode apresentar os mesmos problemas da gerência de produto, que tende a ter preocupações com extensões e alterações de produtos já existentes e se limita a mercados em que a empresa já está atuando.

c. **Comissões de novos produtos** – Muitas empresas têm comissões ligadas à alta gerência para análise e aprovação de novos produtos.

d. **Departamento de novos produtos** – Grandes empresas estabelecem departamentos exclusivos, com gerência ligada à alta administração.

e. **Equipes de empreendimento de novos produtos** – São equipes compostas de vários departamentos e que têm como objetivo desenvolver novos produtos (Rozenfeld et al., 2006).

Após dispor de uma estrutura propícia para o desenvolvimento de produtos, é preciso realizar os programas de marketing; para isso, antes de tudo, devemos realizar testes.

2.3 Testes de marketing

Com um **teste de marketing**, aplica-se uma experiência controlada em mercado-teste, composto de uma área geográfica limitada e durante um período limitado, mensurando-se em seguida as vendas do período e os custos envolvidos para a obtenção dessas vendas. Com base nos resultados mensurados, o produto é reavaliado e as estratégias de marketing são adequadas às respostas do público consumidor para um posterior lançamento do produto em grande escala. Os testes aplicados servem de *feedback* para a avaliação do nome do produto, de sua embalagem, suas funcionalidades, seu desempenho e seu preço, levando os profissionais envolvidos no processo de desenvolvimento de produtos a realizar revisões técnicas, financeiras e mercadológicas do produto.

Os testes de marketing envolvem dois objetivos principais e distintos, que são:

1. Determinar e demonstrar a aceitação do produto pelo público-alvo determinado.
2. Testar níveis alternativos dos fatores de marketing.

Entre as ferramentas utilizadas para esses fins, destacamos (Churchill Jr.; Peter, 2000):

a. **Teste de marketing padrão** – Consiste no oferecimento de um produto em uma área específica (mercado-teste), por meio de canais normais de distribuição, envolvendo combinações do composto de marketing. O teste é planejado por meio da definição dos critérios, dos mercados e dos quesitos a serem analisados. A duração do teste depende do ciclo de recompra do produto, da probabilidade de reação da concorrência, das considerações de custo, da resposta do público-alvo e da cultura da empresa. Exemplo: a Coca-Cola lançou o Guaraná Kuat inicialmente nos mercados de Rio de Janeiro, São Paulo e Juiz de Fora (MG), como mercados-teste do produto para o público jovem, antes de lançá-lo em escala nacional.

b. **Teste de marketing controlado** – Ocorre com a reserva de um espaço nas prateleiras de um conjunto de varejistas, de modo a assegurar que os consumidores terão uma visão do produto e uma reação de consumo diante do posicionamento da marca no local de venda. Nesse caso, toda a programação dos testes é realizada por uma empresa externa. No caso do Brasil, destacamos as pesquisas realizadas pela Nielsen, consultoria especializada em pesquisas de mercado.

c. **Teste de marketing simulado** – É uma oportunidade que uma amostra de consumidores tem de selecionar produtos em um espaço destinado especificamente para testes pelos varejistas, denominado *laboratório-teste*.

Esse tipo de teste é destinado a consumidores de determinada classe de produtos, que são convidados a responder sobre os hábitos de uso e a preferência dos produtos. Em seguida, é apresentado o novo produto (com suas características e sua funcionalidade) e os consumidores são questionados sobre se comprariam essa marca. Aqueles que responderem positivamente aos estímulos de compra são novamente pesquisados para compreender a razão do sucesso desses estímulos e a adequação do produto ao comportamento desses consumidores. Embora o teste de marketing simulado seja uma importante ferramenta de análise, ele é mais limitado que os outros testes, uma vez que seu sucesso depende da simulação e das condições de aplicação dos testes.

Independentemente dos tipos de teste utilizados, seus resultados devem refletir as características de consumo do mercado-alvo em situações reais, com públicos heterogêneos e em localidades que tenham maior representação do público-alvo do produto. Esses testes demonstram a viabilidade do projeto, contemplando o marketing em seus aspectos **estratégicos e táticos, aspectos do produto, aceitação e dimensões econômica e financeira.** Os testes abrangem ainda a avaliação da publicidade da empresa, da concorrência, das ações promocionais e dos comportamentos de compra dos consumidores.

Durante muito tempo, a cidade de Curitiba foi referência para testes de marketing, pela representatividade de sua população. Com a maior integração da cidade ao restante do país, em razão da comunicação e das tecnologias de informação, Curitiba perdeu as características de representatividade para os testes de marketing.

No entanto, esses testes não são usados constantemente, em virtude dos altos custos de implementação, do tempo despendido e da probabilidade de falhas na avaliação; eles são utilizados apenas em casos específicos, como mudanças em produtos que têm como característica mais importante a marca construída no mercado.

O lado negativo dos testes de marketing é a exposição dos novos produtos aos concorrentes que estão observando as movimentações do mercado. Os rivais podem reagir, alterando o ritmo de desenvolvimento de seus produtos e centrando foco no impacto por meio de promoções e publicidade.

2.3.1 Limitações dos testes de marketing

A experimentação ou testagem vem adquirindo destaque e importância nas pesquisas de marketing, mas apresenta certas limitações de tempo, custo e administração:

» **Tempo** – Os testes de marketing podem exigir tempo, principalmente aqueles utilizados para obter resultados no longo prazo.

» **Custo** – Os testes de marketing têm como característica serem caros, principalmente quando precisam se submeter a exigências dos responsáveis pela equipe de marketing.

» **Administração** – Os testes de marketing exigem capacidade de gestão, principalmente pelas condições exógenas do ambiente, que podem influenciar os resultados do próprio teste.

Dito isso, passamos a analisar os fatores que levam ao fracasso de um produto.

2.4 Por que os produtos fracassam?

Segundo Churchill Jr. e Peter (2000), fatores que levam ao fracasso dos produtos ocorrem quando as empresas:

» desenvolvem o produto para inseri-lo no mercado, mesmo com resultados negativos das pesquisas de mercado;

» superestimam o mercado-alvo, mesmo com uma excelente ideia para o produto;

» cometem erros ou falhas no projeto do produto, comprometendo a viabilidade do projeto;

» cometem erros ou falhas de posicionamento ou segmentação de mercado, na propaganda ou no estabelecimento do preço;

» cometem erros ou falhas no estabelecimento dos custos de desenvolvimento e fabricação.

Além disso, é preciso prever a reação dos concorrentes, que podem apresentar um comportamento que compromete a distribuição do produto.

Síntese

Neste capítulo, apresentamos os fatores que contribuem para o sucesso ou o fracasso de um produto, destacando a orientação do produto para o mercado, o processo de planejamento e os fatores internos. Salientamos ainda a importância do processo de desenvolvimento de novos produtos e os testes de marketing para a avaliação da viabilidade do produto e o atendimento das necessidades do público consumidor.

Questões para revisão

1. O processo de desenvolvimento de novos produtos deve atender à viabilidade mercadológica, isto é, às necessidades do mercado do cliente-alvo, buscando assim uma estratégia de posicionamento nesse mercado. Para definir esse posicionamento, a empresa pode atender a diversas categorias de produtos. Sobre essas características, identifique a alternativa correta:

   a. A empresa deve centrar foco no lançamento de produtos inteiramente novos para se destacar no mercado.

   b. A empresa deve centrar foco somente em produtos inteiramente novos e em novas linhas de produtos.

   c. As categorias de novos produtos envolvem, além do lançamento e da alteração, aspectos de reposicionamento ou redução de custos.

   d. As categorias de produtos estão sempre ligadas ao lançamento ou à alteração de novos produtos.

2. O sucesso de um projeto está relacionado às características internas do planejamento do projeto e também a aspectos externos ligados às necessidades do mercado. Sobre os fatores que determinam o sucesso de um projeto, podemos destacar:

   a. Novas linhas de produto, reposicionamentos e redução de custos.

   b. Orientação para o mercado, planejamento e fatores internos.

   c. Papel da concorrência, dos fornecedores e do governo.

   d. Questões administrativas, legais, políticas e econômicas.

3. Sabemos que os produtos devem atender às necessidades do mercado para garantir seu posicionamento nele. Nesse conceito, que aspectos precisam ser atendidos no lançamento de novos produtos?

4. A eficiência do processo de desenvolvimento de novos produtos é fundamental para o sucesso de uma empresa. Nesse processo, a seleção de ideias tem um papel fundamental, pois é preciso ter o cuidado de selecionar as boas ideias, sem descartar as oportunidades. Sendo assim, quais são os riscos envolvidos no processo de seleção de ideias?

5. Segundo Kotler (2003), o sucesso ou o fracasso do desenvolvimento de novos produtos depende da análise e da orientação dada ao projeto. Para esse autor, os fatores que determinam o resultado de um projeto podem ser divididos

em três grupos distintos. Aponte a alternativa que destaca esses grupos:

a. Fatores internos, fatores externos e oportunidades no mercado.

b. Orientação para o mercado, planejamento e especificação e fatores internos.

c. Planejamento e especificação, projeto do produto e custos de produção.

d. Orientação para o mercado, oportunidades e ameaças.

Questões para reflexão

Após a leitura deste capítulo, propomos a você uma reflexão sobre o processo de desenvolvimento de novos produtos. Sendo assim, analisando o cenário atual de mercado, apresentamos os pontos para reflexão a seguir:

1. Na empresa em que trabalha, você percebe que a geração de ideias para novos produtos tem sido plenamente desenvolvida e com a participação de todos os envolvidos no processo? Nesse processo, todos têm participação ativa na sugestão de ideias?

2. Como as empresas em geral – e a empresa em que você trabalha, em particular – realizam testes de marketing para avaliar a receptividade pelo público consumidor aos novos produtos disponibilizados no mercado?

Perguntas e respostas

As empresas têm investido em políticas de fomento ao empreendedorismo, como forma de buscar novas ideias e acelerar o desenvolvimento de novos produtos? O fomento ao empreendedorismo é suficiente para o desenvolvimento de novos produtos?

Resposta: O ponto inicial de desenvolvimento de novos produtos é a geração de ideias e o fomento ao empreendedorismo é fundamental e eficiente. No entanto, se não houver um planejamento interno para a alocação de recursos suficientes e uma correta leitura das necessidades do mercado, as ideias geradas podem ser insuficientes para desenvolver novos produtos.

Consultando a legislação

No campo de pesquisa de novos produtos, as empresas devem atentar para a legislação vigente sobre a ética em pesquisas. Sobre esse tema, destacamos a Resolução n. 466/2012, do Conselho Nacional de Saúde do Ministério da Saúde (CNS/MS), que trata do envolvimento de seres humanos em pesquisas, a Lei n. 11.794/2008, bem como o Decreto n. 6.899/2009, que trata da ética em pesquisa com animais.

BRASIL. Decreto n. 6.899, de 15 de julho de 2009. **Diário Oficial da União**, Poder Executivo, Brasília, DF, 16 jul. 2009. Disponível em: <http://www.planalto.gov.br/ccivil_03/_Ato2007-2010/2009/Decreto/D6899.htm>. Acesso em: 5 jan. 2017.

BRASIL. Lei n. 11.794, de 8 de outubro de 2008. **Diário Oficial da União,**
Poder Legislativo, Brasília, DF, 9 out. 2008. Disponível em: <http://www.
planalto.gov.br/ccivil_03/_ato2007-2010/2008/lei/l11794.htm>. Acesso em:
5 jan. 2017.

BRASIL. Ministério da Saúde. Conselho Nacional de Saúde. **Resolução
n. 466, de 12 de dezembro de 2012.** Disponível em: <http://bvsms.saude.
gov.br/bvs/saudelegis/cns/2013/res0466_12_12_2012.html>. Acesso em:
5 jan. 2017.

capítulo 3
projeto do produto

Conteúdos do capítulo:

» Projeto do produto.

» Ciclo de vida do produto.

» Competitividade e diferenciação como estratégias em inovação.

Após o estudo deste capítulo, você será capaz de:

1. entender o processo de planejamento para o desenvolvimento de um novo produto;

2. identificar o ciclo de vida de um produto e o momento para as inovações no mercado;

3. apontar as estratégias para o lançamento de novos produtos no mercado.

Observando a história do marketing, percebemos que o processo produtivo dos produtos tem se alterado com frequência. Um exemplo dessa mudança foi a Revolução Industrial, que culminou no século XIX com a transição da produção artesanal para a produção industrial. A principal mudança da produção nesse período foi a substituição da força manual pelas máquinas a vapor. Com a teoria da **administração científica**, do norte-americano Frederick Taylor (1856-1915), surgiu a **padronização**, que marcou a história do marketing no período.

Com o desenvolvimento da economia e das novas necessidades do consumidor, a indústria ampliou seu foco para atender às exigências do mercado, investindo em qualidade e na melhoria contínua dos produtos. O foco em qualidade da indústria representava – e representa – uma melhoria contínua do produto, por meio da qual se buscava – e se busca – mais receptividade do cliente, com o aumento do esforço de vendas e a procura por melhores resultados.

A busca pela lucratividade levava – e leva – à necessidade de vender mais e de se tornar mais atrativo, o que fez surgirem as estratégias de vendas como a bonificação, as políticas de promoção, os pagamentos com prazos estendidos e outras formas para estimular as vendas. Na década de 1970, as empresas começaram a pensar no marketing e no impacto do comportamento do consumidor.

Podemos dizer que em todas essas fases aconteceu o **processo de inovação dos produtos**, mas uma inovação sem planejamento, quase obrigatória para a sobrevivência das empresas.

Atualmente, o processo de inovação dos produtos apresenta as adequações necessárias realizadas de acordo com o planejamento estabelecido. Esse planejamento se faz necessário porque, hoje, o cliente não quer simplesmente um produto, mas todos os benefícios que ele proporcionará com sua aquisição.

Pensando dessa forma, as indústrias observaram que o **produto** é algo que satisfaz um **desejo** ou uma **necessidade**. Conforme citam Kotler e Armstrong (2007), o produto é algo que pode ser oferecido em um mercado para satisfazer um desejo ou uma necessidade humana. Assim, o consumidor, ao adquirir um produto, leva em consideração seus aspectos tangíveis e intangíveis, analisando não somente suas características, mas também o valor recebido em sua aquisição. Não se trata de valor financeiro, mas do quanto o consumidor **valoriza** a compra do bem.

Para Kotler e Keller (2013, p. 348), "muitas pessoas acham que produto é uma oferta tangível, mas ele é tudo o que pode ser oferecido a um mercado para satisfazer uma necessidade ou um desejo, incluindo bens físicos, serviços, experiências, eventos, pessoas, lugares, propriedades, organizações, informações e ideias".

O produto apresenta ainda vários **níveis**, que são: **benefício central, produto básico, produto esperado, produto ampliado** e **produto potencial**. Para o desenvolvimento de um novo produto, o profissional de marketing deve sempre pensar nesses cinco níveis e no valor que cada nível vai agregar para o cliente.

Segundo Kotler e Keller (2013), cada um desses níveis agrega mais valor para o cliente e, juntos, os cinco constituem a **hierarquia de valor para o cliente**, como podemos ver na Figura 3.1.

Figura 3.1 – Níveis de produto

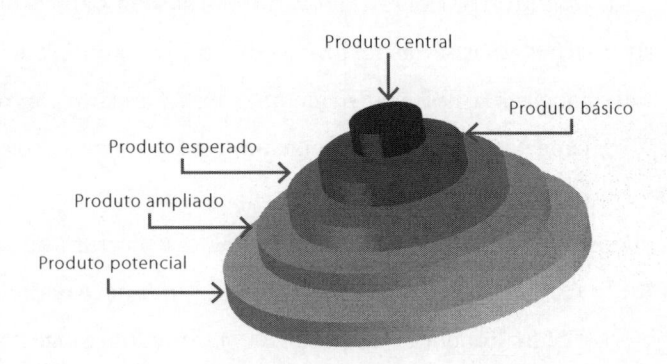

Detalhando os cinco níveis (Kotler; Keller, 2013):

1. **Benefício (ou produto) central** – É considerado o nível fundamental do produto, pois trata-se do benefício real que o cliente realmente compra para satisfazer sua necessidade. Ao desenvolver um novo produto, o profissional de marketing que identificar uma necessidade em um mercado deve desenvolver algo que atenda a essa necessidade. Por exemplo: o comprador de um carro está comprando um meio de transporte próprio.

2. **Produto básico** – É a transformação do benefício central em um produto genérico, incluindo o mínimo necessário para oferecê-lo a um cliente. Assim, por exemplo, um carro deve incluir bancos, volante, retrovisores, faróis e pneus.

3. **Produto esperado** – Esse é o conhecimento das necessidades dos clientes e a inclusão dessas necessidades identificadas no produto. O produto esperado é, assim, uma série de características e atribuições que o cliente espera. Por exemplo: ao adquirir um carro novo, o comprador espera ter retrovisores que funcionam, faróis que ligam e desligam etc.

4. **Produto ampliado** – É o "algo a mais" que excede a expectativa do cliente, algo por que o cliente não espera. Nesse nível, o cliente pode se sentir encantado com o produto, pois lhe é oferecido algo inesperado.

5. **Produto potencial** – Abrange todas as transformações a que o produto deve ser submetido no futuro. Nesse nível, o produto deve surpreender o cliente e a empresa

deve buscar novas formas de diferenciar o produto e satisfazer esse cliente.

Para desenvolver um novo produto, a empresa pode trabalhar em qualquer uma das esferas que mencionamos anteriormente, mas antes deve conhecer seu mercado e suas preferências. Para isso, somente se pode obter uma resposta concreta e segura por meio de uma **pesquisa de mercado**, com o objetivo de identificar as preferências dos consumidores e os produtos das empresas concorrentes.

Ao pesquisar um mercado, é importante identificar em que nível aquele produto já existe, bem como o que é possível fazer para inovar nesse mercado. Veja mais sobre o assunto no Capítulo 2, no qual tratamos da pesquisa de mercado.

Além disso, é importante identificarmos o **ciclo de vida** do produto. Para produtos novos, podemos estimar o ciclo de vida considerando as inovações apresentadas e o potencial de inovação dos concorrentes.

Kotler e Keller (2013) mencionam que o ciclo de vida do produto (CVP) apresenta quatro aspectos:

1. Os produtos têm uma vida limitada.
2. As vendas dos produtos atravessam estágios diferentes.
3. Os lucros sobem e descem nos diferentes estágios do ciclo de vida do produto.
4. Os produtos exigem estratégias de marketing, finanças, produção, compras e recursos humanos específicos para cada estágio do ciclo de vida.

Esses aspectos do ciclo de vida do produto farão diferença em
sua trajetória quando de sua introdução, seu desenvolvimento e
seu – possível – descarte. Os estágios do ciclo de vida do produto
nos mostram isso.

3.1 Ciclo de vida do produto

Os estágios do ciclo de vida de um produto estão inteiramente
relacionados com sua **curva no gráfico**, que, na maioria das
vezes, tem a forma de um **sino**. Os estágios são: introdução,
crescimento, maturidade e declínio (Kotler; Keller, 2013), como
podemos ver na Figura 3.2.

Figura 3.2 – Estágios do produto

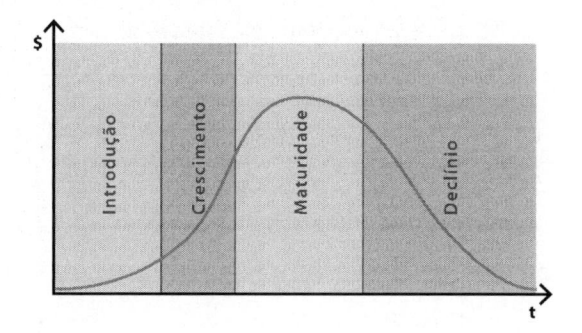

Especificando os estágios (Kotler; Keller, 2013):

a. **Introdução** – É a apresentação do produto no mercado. Esse estágio é marcado por baixas vendas e pela
adaptação do produto ao público-alvo. Em razão do alto
custo de lançamento com publicidade e propaganda,
nesse estágio dificilmente haverá lucro.

b. **Crescimento** – Esse estágio é marcado pela rápida aceitação do mercado e pela melhora dos lucros. O produto apenas entrará em crescimento se for bem-sucedido na fase de introdução. Na fase de crescimento, a empresa pode melhorar o produto em si, sua distribuição e, principalmente, focar em determinados segmentos de mercado.

c. **Maturidade** – Período de baixo crescimento nas vendas, uma vez que o produto já é aceito pelo público-alvo. Outra característica importante aqui é a estabilização dos lucros. Nessa fase, é importante desenvolver a inovação do produto para buscar o crescimento das vendas, incluindo aí a modificação deste. Além disso, nessa fase, a concorrência aumenta consideravelmente.

d. **Declínio** – Nessa fase, as vendas mostram uma grande queda e os lucros desaparecem. Ao observar o início de declínio do produto, a empresa deve inovar, identificando os problemas e sugerindo soluções. Além disso, também pode sugerir a morte do produto – ou seja, tirá-lo de linha e não mais fabricá-lo –, para dar lugar a outro com maior poder de vendas e que tenha como foco o mesmo público-alvo.

Empresas que não planejam o ciclo de vida do produto no momento de sua criação e que insistem na permanência na fase de declínio podem perder a oportunidade de tirá-lo do mercado no momento certo, acabando, por vezes, por retirá-lo somente quando há produtos substitutos dos concorrentes. Até esse

momento, a empresa investe seus recursos financeiros – como
em comunicação – e pode não ter retorno suficiente sobre esse
investimento.

O **desenvolvimento de novos produtos** é um estágio que
ocorre **antes da introdução**, pois apresenta todo o investimento,
a pesquisa, as análises e os testes de mercado, iniciando seu ciclo
de vida com o lançamento do produto.

Em certos casos em que o produto se encontra no estágio
de desenvolvimento, ele pode nem vir a ser lançado, em virtude de
alterações no ambiente externo ou percepções por meio de pesquisa de que o produto deixou de ser inovador. Veja mais sobre o
assunto no Capítulo 2, em que tratamos da pesquisa de mercado.

Para Las Casas (2004), poucas ideias de novos produtos
chegam até a etapa final, lançamento e comercialização, apresentando uma razão de 60 por 1, ou seja, de cada 60 ideias, apenas 1
chega a ser efetivamente comercializada. Isso acontece porque
as empresas, na tentativa de atender às necessidades de seus
consumidores, inovam frequentemente, mas nem sempre a inovação garante bons resultados. Assim, uma falha no programa
de marketing ou um produto inadequado são fatores que podem
determinar o fracasso dos produtos inovadores.

Antes de iniciarmos o desenvolvimento de um novo produto,
é necessário desenvolvermos a análise de viabilidade, conforme
veremos a seguir.

3.1.1 Análise de viabilidade

Para o desenvolvimento de novos produtos em novos mercados,
antes é necessário analisar o mercado, a fim de observar se essa

ideia ou esse produto já não existe. Nessa análise de mercado, consideramos os produtos concorrentes, os clientes e os possíveis fornecedores, como mostra o Quadro 3.1, a seguir.

Quadro 3.1 – Análise de mercado

Produtos concorrentes	Clientes	Fornecedores
» Como são os produtos concorrentes no mercado hoje? » Quais são suas funcionalidades? » O que difere um produto do outro? » Em qual estágio do ciclo de vida esse produto está?	» Quem são os clientes do produto novo? » O que eles buscam na compra desse produto? » Qual é o valor percebido por esse cliente? » Quanto o cliente está disposto a pagar por esse produto?	» Quais são os possíveis fornecedores? » Quantos são? » Onde eles estão localizados?

Após essa análise, é necessário definir o caminho que a empresa vai seguir. Com esses três itens observados e analisados, podemos dizer se esse mercado tem ou não potencial. A definição do **potencial de mercado** é, então, extremamente importante para o desenvolvimento de novos produtos.

É importante também identificarmos se a empresa vai criar um novo produto para um novo mercado ou se ela vai reestruturar ou aperfeiçoar um produto já existente. Segundo Kotler e Keller (2013), a maior parte da atividade de desenvolvimento de novos produtos é dedicada à melhoria do que já está no mercado.

Ainda como afirmam Kotler e Keller (2013), empresas que já estão no mercado preferem a **inovação incremental**, que é a adaptação de produtos para novos clientes, usando variações de um produto principal e criando soluções provisórias para as novas necessidades do consumidor. Por outro lado, empresas novas no

mercado criam tecnologias revolucionárias, que implicam menor
custo e maior probabilidade de alterar o cenário competitivo.

3.2 Projeto de desenvolvimento de novos produtos

Conforme mencionam Kotler e Keller (2013), para lançar um novo produto no mercado, o gerente de novos produtos deve desenvolver um **plano estratégico** em **três etapas**. A primeira descreve o **tamanho do mercado-alvo**, sua **estrutura** e seu **comportamento**, assim como o **posicionamento do produto**, as **metas de vendas** e a **participação de mercado** e de **lucro** que deverão ser atingidos nos primeiros anos. A segunda parte descreve o **preço**, a **estratégia de distribuição** e o **orçamento de marketing** no primeiro ano. A terceira e última parte do plano estratégico de marketing descreve as **metas de vendas** e os **lucros de longo prazo**, bem como a **estratégia de** *mix* **de marketing** ao longo do tempo.

Porém, antes de chegar a essas etapas, a empresa precisa ter uma **ideia do novo produto** que deverá ser lançado. Não há como garantir que todo novo produto seja bem-sucedido, mas o uso de um processo bem estruturado pode aumentar as chances de sucesso.

Para Las Casas (2004), o processo de lançamento de um novo produto é composto de seis etapas: **obtenção de ideias, seleção, planejamento do projeto, desenvolvimento do produto, teste de marketing e comercialização**. Vemos essas etapas de forma esquemática na Figura 3.3.

Figura 3.3 – Etapas para lançamento do novo produto

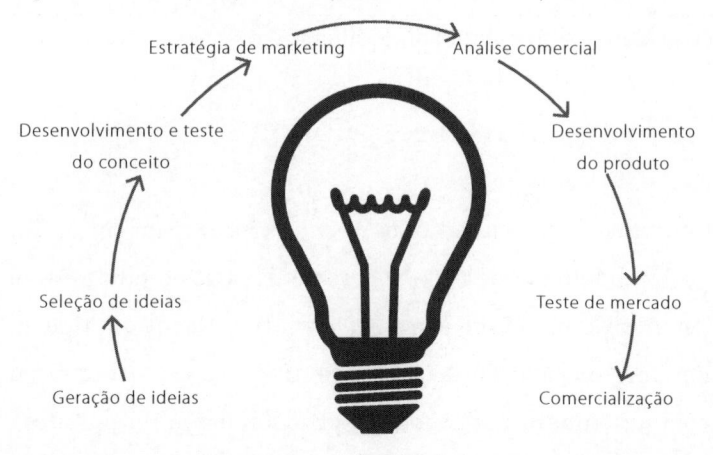

As etapas de lançamento de produtos têm sua importância no processo geral, razão por que precisamos iniciar com algo que é crucial para a continuidade do esquema: a **geração de ideias**.

3.2.1 Obtenção de ideias

Essa é a primeira e mais importante etapa que uma empresa deve realizar para o lançamento de um novo produto. Ela pode ser efetivada por diversos profissionais, como cientistas, vendedores, gerentes etc.

Uma das técnicas mais usadas para a obtenção de ideias é o *brainstorming*, um termo da língua inglesa que significa "tempestade de ideias": é a realização de uma reunião coordenada pela equipe de planejamento e desenvolvimento (P&D) em que geralmente é formado um comitê com profissionais de diversas áreas que podem contribuir para o desenvolvimento do produto.

Assim, a técnica de *brainstorming* consiste em uma reunião na qual cada profissional pode falar livremente de sua ideia sobre

um produto sem atitudes de reprovação, ou seja, toda e qualquer
ideia, mesmo que pareça inviável, deve ser ouvida e, depois,
classificada pelo moderador para somente então dar início a
uma discussão com mais foco na avaliação de uma ideia por vez.

Outra técnica muito usada é o *benchmarking*, termo da língua
inglesa que significa "aferição" ou "verificação". No marketing,
entendemos o *benchmarking* como a busca das melhores práticas
em uma empresa para serem aplicadas em outra. Essa prática é
um processo positivo, no qual uma empresa pode examinar a
forma pela qual outra empresa realiza determinada função com
o objetivo de aplicar tais práticas.

3.2.2 Seleção

Após a primeira etapa – que consiste em ouvir e discutir todas as
ideias –, somente as melhores ideias devem ser selecionadas pelo
moderador e aprovadas pela maioria dos participantes, levando
em consideração os fatores internos e externos da empresa.

A principal meta da seleção de ideias consiste em determinar
se as ideias escolhidas ajudarão a empresa, de alguma forma,
a alcançar seus objetivos e se estão de acordo com as necessidades iniciais da empresa.

Uma das técnicas mais utilizadas para a seleção de ideias é
o *checklist*, termo da língua inglesa que significa "lista de verificação": é uma listagem de certas perguntas-chave que permitem
identificar se determinada ideia está de acordo com as necessidades da empresa e dos clientes.

3.2.3 Planejamento do projeto

Após a etapa de seleção de ideias, selecionamos **as ideias com maior viabilidade,** as quais poderão se tornar produtos e/ou serviços que ainda serão planejados pela empresa para serem oferecidos ao mercado-alvo.

A etapa de planejamento é importante, pois nela pensamos no produto como se ele estivesse no mercado, simulando sua atividade de venda. Mesmo assim, poucas ideias selecionadas passam dessa etapa de planejamento para o desenvolvimento do produto.

Algumas empresas chamam essa etapa de *análise comercial,* porque seu ponto forte está nessa terceira etapa, que é uma análise rigorosa do poder de vendas das novas ideias. Além disso, as empresas devem identificar dois pontos importantes nessa fase, que são a estimativa de vendas e a projeção dos custos:

1. **Estimativa de vendas** – Nesse tópico, a empresa deve ser rigorosa para estimar o volume de vendas, considerando sua produção e o poder de compra do público-alvo para o qual a ideia está sendo desenvolvida. É um processo extremamente complexo, e uma projeção errada pode causar resultados insatisfatórios.

2. **Projeção dos custos** – A empresa também deve prever os custos gerados pela nova ideia. É claro que as melhores ideias são aquelas que geram custos baixos para a empresa, usando a estrutura preexistente ou exigindo apenas pequenas adaptações. Além disso, a estimativa pode ser respeitar o investimento inicial.

É provável que muitas ideias sejam reprovadas nessa fase em razão da falta de informação sobre o público-alvo, da incerteza sobre sua projeção de vendas e lucros ou, ainda, da estimativa incerta de projeção dos custos.

Assim, geralmente apenas uma ideia passa da fase de planejamento do projeto para o desenvolvimento do produto.

3.2.4 Desenvolvimento do produto

Nessa fase, a empresa detalha os **materiais** para a fabricação do produto final. Para isso, é necessário desenvolver as especificações do produto, como tamanho, variações, embalagem etc.

Assim, são desenvolvidos o **protótipo**, a **pesquisa de mercado** e o **lançamento do produto** como teste de mercado. Ainda não está confirmado se o produto será lançado como foi analisado inicialmente, podendo vir a sofrer alterações sugeridas depois dos testes de mercado.

Após o desenvolvimento do protótipo, o produto é apresentado para poucos clientes críticos, que vão opinar sobre ele. Em geral, são clientes que fazem parte de conselhos de empresas – por meio de inscrição ou convite da própria empresa –, a fim de opinar sobre novos produtos ou serviços.

O protótipo também pode ser entregue a alguns parceiros ou clientes potenciais para ser analisado, o que ocorre normalmente em situações de substituição de outro produto, de preferência de um concorrente.

3.2.5 Teste de marketing

Algumas empresas lançam produtos em edições limitadas, com o objetivo de testá-los no mercado. Porém, nem todos os produtos de edição limitada são testes.

O teste de mercado ajuda a empresa a identificar se se confirmam o potencial de venda do produto e a análise no desenvolvimento da ideia. Além disso, identifica o poder de compra do cliente para o produto.

Segundo Churchill Jr. e Peter (2000), o teste de mercado é realizado considerando-se a venda do novo produto em uma área geográfica limitada, por um período limitado; após isso, as vendas e os custos são analisados e mensurados para a tomada de decisões.

Com base nesse teste, a empresa pode decidir se o produto será lançado em grande escala, bem como mensurar os investimentos necessários para o desenvolvimento do produto em grande escala.

3.2.6 Comercialização

Se a ideia chegar até esse ponto, a empresa terá pela frente custos maiores. Podemos dizer que o caminho foi longo, mas isso ainda não garante o sucesso das vendas. Na fase de teste de marketing, a empresa desenvolve algumas simulações que nem sempre se refletem na realidade.

Nessa fase, geralmente a empresa vai usar o investimento planejado desde o início para a comercialização – é o momento de se colocar todo o estudo em prática, desde a produção, o transporte, até a promoção de vendas.

No lançamento de alguns produtos, o investimento em marketing pode chegar a 50% das vendas durante o primeiro ano. A maioria das campanhas de lançamento depende de uma combinação de várias ferramentas de comunicação, como: *e-mail* marketing, publicidade em redes sociais, propagandas nos meios de comunicação de massa (rádio, jornal, TV), entre outras.

Por fim, a empresa precisa definir o momento certo para colocar o produto no mercado. A definição de **quando** o produto novo vai entrar no mercado é essencial para o sucesso das vendas.

3.3 Voz do mercado

O processo de inovação de produtos se inicia com a observação da carência do mercado e das necessidades do consumidor. Em virtude disso, é muito importante **ouvir a "voz" do mercado**, uma das principais fontes de ideias para o desenvolvimento de novos produtos.

Assim, uma empresa que pretende inovar pode buscar informações por meio de **clientes, concorrentes, vendedores** da própria empresa, bem como nas descobertas tecnológicas. Detalhando:

a. **Clientes** – Naturalmente, os clientes informam a empresa sobre suas insatisfações por meio do **serviço de atendimento ao cliente** (SAC, 0800 ou ferramentas *on-line*), que tem a missão de receber essas informações. Isso, aos olhos da empresa, pode ser entendido como uma **necessidade**, a qual pode ser o ponto de partida para o desenvolvimento de novos produtos. Por outro lado, o marketing tem a função de entender e atender o cliente em suas necessidades. Além de receber informações diretas dos clientes, a empresa também pode buscar mais informações por meio de pesquisas de mercado, testes de produtos e discussões em grupo.

b. **Concorrentes** – O monitoramento das estratégias dos concorrentes deve ser constante por parte das empresas, com o objetivo de observar os lançamentos de novos produtos e o desempenho de produtos recém-lançados, tudo para descobrir novas oportunidades de produtos e mercados. Além disso, é possível descobrir as necessidades dos clientes que o produto do concorrente não satisfaz.

c. **Vendedores** – Geralmente, os vendedores são os primeiros profissionais a apontar novas necessidades para a empresa, pois eles estão sempre em contato com os clientes, os quais demostram suas reais necessidades. Essa fonte de informação é a primeira e a mais confiável, pois ela vem direto do cliente para a empresa. Além disso, os vendedores também recebem informações gratuitas de seus clientes sobre o fracasso ou o sucesso dos produtos dos concorrentes.

d. **Descobertas tecnológicas** – A inovação tecnológica depende do investimento da empresa e, muitas vezes e por muito tempo, sem haver um retorno no curto prazo. Em geral, a inovação fica por conta de grandes empresas, que têm um departamento somente para pesquisa e desenvolvimento. Isso acontece por diversas experiências

realizadas com o produto, com os clientes e com a observação de novas necessidades. Uma descoberta tecnológica pode ser considerada uma grande inovação ou uma
inovação simples, que não provoca mudanças no mercado. Além disso, uma inovação pode tornar obsoletas
dezenas de produtos e provocar grandes mudanças no
comportamento das pessoas.

Assim, vemos que todas as informações captadas no mercado
podem servir para que a empresa se destaque no ramo em que
atua, diferenciando-se das demais para ter condições de competir
em igualdade com outras do segmento.

3.4 Competitividade e diferenciação como estratégias na inovação

Em uma empresa, a **inovação** é considerada estratégia pela
diferenciação e **competitividade** que ela pode proporcionar
à organização.

3.4.1 Estratégias de diferenciação e inovação de produtos

O **processo estratégico** é uma atividade essencial para a definição de objetivos e expectativas do cliente, pois isso pode
facilitar o trabalho da empresa na busca dos seus próprios
objetivos organizacionais.

Para Mintzberg, Ahlstrand e Lampel (2000), a **estratégia**
é apresentada como um padrão dos fluxos das decisões sobre o
futuro de uma organização em um contexto específico. Para uma

empresa competir no mercado, ela precisa apresentar estratégias compatíveis e inovadoras para o desenvolvimento de seu negócio. Nesse sentido, Porter (1999) afirma que a **diferenciação** resulta em desempenho superior para o cliente, se o valor percebido por ele for maior do que o custo da diferenciação.

Além disso, o mesmo autor ressalta que a empresa precisa desenvolver atividades com um custo inferior ou apresentá-las com o objetivo de conquistar a diferenciação, agir estrategicamente e somente depois adicionar o valor superior para torná-las competitivas (Porter, 1999).

Segundo Porter (1999), **agir estrategicamente** significa escolher um conjunto diferente de atividades para proporcionar uma combinação única de valores; ele acrescenta dizendo que **estratégia** significa criar uma posição exclusiva e valiosa, envolvendo um diferente conjunto de atividades. Sendo assim, entendemos que, se houvesse uma única posição ideal, não haveria necessidade de uma estratégia.

Aprofundando um pouco mais o tema da **inovação**, percebemos que ela pode ser essencial para uma empresa desempenhar suas atividades e desenvolver seu negócio, podendo surgir de novas ideias de produtos ou de processos.

Para Armbruster et al. (2008), a inovação abrange o desenvolvimento de novos produtos e serviços, novos mercados, novos métodos de produção e novas formas de organização. A inovação é essencial para o crescimento e a sobrevivência das empresas e, além disso, está associada às oportunidades inesperadas do mercado.

Assim, podemos concluir que a inovação envolve diferentes **habilidades** e necessita, para acontecer, de **recursos** e da definição de seus diferentes tipos de **estratégia**. *Inovar* não significa apenas inventar novos produtos, mas também introduzir novos métodos de produção, comercialização, padronização e distribuição.

Podemos observar a inovação quando ocorre a introdução de um novo método de produção ou a abertura de um novo mercado ou segmento. A regra básica da inovação consiste em desenvolver novas formas de entregar o produto ou o serviço ou a descoberta de novos segmentos.

Para a compreensão dessas novas formas, é preciso estabelecer estratégias de inovação de produto, mercado ou gestão, a fim de se obter resultados de segmentação de mercado ou de desenvolvimento de novos objetivos. As formas de atuação no mercado definem mecanismos para estabelecer vantagens competitivas. Entre as estratégias, destacamos as que analisamos nos subtópicos seguintes, iniciando pela estratégia de distribuição.

Estratégia de distribuição

Existem basicamente três tipos principais de distribuição:

1. A **distribuição intensiva** é uma estratégia que torna um produto disponível no maior número possível de estabelecimentos, com o objetivo de obter o maior nível de exposição e o maior número de vendas. Essa estratégia é usada para produtos com baixo valor unitário e com alta frequência de compra.

2. A estratégia de **distribuição seletiva** consiste na seleção de mais de um intermediário em determinada região, escolhidos por sua localização, reputação e clientela, entre outros pontos fortes. Essa estratégia é aplicada para produtos direcionados a clientes que desejam realizar compras comparadas.

3. Na estratégia de **distribuição exclusiva**, o fabricante escolhe vender seus produtos por apenas um canal, ou seja, o intermediário escolhido recebe o direito de distribuir com exclusividade os produtos da empresa. Aplica-se esse tipo de estratégia quando determinado produto recebe apoio exclusivo de um canal, enfatizando uma imagem que pode caracterizar o raro, a restrição, o exclusivo e, por isso, o alto custo. Podemos citar como exemplo as grifes, que têm lojas exclusivas e cujos produtos não são distribuídos em lojas de varejo comuns.

Dito isso, no próximo tópico, analisaremos a chamada *estratégia de oportunidade*.

Estratégia de oportunidade

Em resumo, a estratégia de oportunidade considera o **momento apropriado para iniciar a divulgação** de um produto ou uma ação promocional. Essa estratégia é usada por empresas que oferecem produtos com grandes variações no mercado.

Estratégia de imitação

É uma estratégia utilizada pela empresa que tem como objetivo aguardar o concorrente iniciar as atividades em algum mercado já esperado por ela e, com uma avaliação primária das ações dele, copiar seus pontos fortes e eliminar os pontos fracos.

Muitas vezes, empresas com a mesma capacidade tecnológica usam essa estratégia, ou seja, esperam o concorrente para ver seu desempenho no mercado, para somente depois tentar "pular" em sua frente.

Estratégia de diferenciação produto-mercado

O objetivo dessa estratégia consiste em a empresa buscar um nicho diferente dos concorrentes. A estratégia de uma empresa se diferenciar é uma vantagem muito grande em relação aos concorrentes, pois é a oportunidade de oferecer aos compradores um bem de maior valor agregado, diferenciado e único.

A empresa que escolher essa estratégia para se diferenciar no mercado deve saber o que os consumidores esperam receber, além do produto, o valor dado pelo cliente, ou seja, o que eles valorizam, e a dificuldade de ser copiado pelo concorrente.

Estratégia de crescimento

Essa estratégia tem como objetivo o aumento do volume de vendas e da participação no mercado ou até o lançamento de novos produtos. O caminho mais rápido para aplicar essa estratégia é a fusão de empresas, que ocorre quando uma adquire os direitos de outra, em troca de ações de marketing para promover o produto.

Muitas vezes, essa estratégia parte das pequenas empresas para as grandes, em virtude da ausência de algumas ferramentas – como *merchandising*, marketing direto e *layout* das lojas – e, principalmente, de verba para divulgação ou distribuição dos produtos.

Essa estratégia somente é vantajosa para a grande empresa se ela receber em troca da pequena algo que não tem, o que, em alguns casos, é a velocidade na produção ou no desenvolvimento de novos produtos. Contudo, pode ser também a aquisição de alguma tecnologia ou produto inovador com potencial de mercado.

Estratégia de preempção

A estratégia de preempção consiste na tentativa de preencher todo o mercado, considerando um produto ou uma região, por meio da criação de barreiras de entrada para os concorrentes, com o objetivo de desestimulá-los a aplicar suas estratégias de crescimento.

A empresa que usa essa estratégia, uma das mais poderosas manobras competitivas, busca sempre antecipar os movimentos do mercado, monitorando o ambiente empresarial e, principalmente, procurando estabelecer os padrões do mercado.

Estratégia de reação

Essa estratégia ocorre a partir do momento da observação, por parte de uma empresa, do que a concorrência realiza ou pretende realizar no mercado, no lançamento de novos produtos, na divulgação de uma campanha de marketing ou até mesmo no preço.

Para isso, a empresa assume um comportamento ameaçador e agressivo em relação aos concorrentes. A ação rápida, ou até mesmo a antecipação, é a chave para ter sucesso nessa estratégia. Além disso, a capacidade de pesquisar e compreender os concorrentes também é essencial para a aplicação de uma estratégia de reação bem-sucedida.

Estratégia de sinalização

Quando uma empresa pretende usar essa estratégia, ela emite sinais para o mercado, principalmente para os concorrentes, que pode indicar os próximos passos competitivos. Esses sinais podem ser verdadeiros ou blefes, com o objetivo de confundir os concorrentes sobre suas ações no mercado, levando-os a realizar ações em benefício da empresa que emite o sinal.

Uma ação de praxe nessa estratégia é a preanunciação, em que a empresa pode divulgar detalhes de um produto antes mesmo de seu lançamento, com a finalidade de fazer com que os compradores aguardem o produto, deixando de comprar dos concorrentes.

Síntese

Neste capítulo, abordamos o processo de planejamento e desenvolvimento de novos produtos por meio da inovação e do estabelecimento do ciclo de vida. Analisamos ainda os fatores que podem causar impacto no ciclo de vida, assim como a importância da inovação como instrumento de diferencial competitivo e de adequação às necessidades e aos desejos do público-alvo.

Questões para revisão

1. Segundo Kotler (2003), o desenvolvimento de um novo produto busca atender à necessidade ou a um desejo do mercado, devendo o profissional de marketing, além de satisfazer o benefício central do produto, satisfazer ainda outros quatro níveis, que são:

   a. Estratégico, tático, operacional e de mercado.

   b. Produto básico, produto esperado, produto ampliado e produto potencial.

   c. Produtos novos, produtos exclusivos, produtos substitutos e produtos concorrentes.

   d. Para clientes, para o mercado, para o atendimento da demanda e de exploração.

2. O ciclo de vida de um produto é importante para o desenvolvimento e a inovação em novos produtos. Para isso, é essencial compreendermos que esse ciclo de vida apresenta quatro estágios, que são:

   a. Introdução, crescimento, maturidade e declínio.

   b. Nascimento, desenvolvimento, reprodução e morte.

   c. Pesquisa, projeto, desenvolvimento e comercialização.

   d. Planejamento, organização, realização e controle.

3. O estudo do ciclo de vida de um produto é essencial para definirmos as características do novo produto a ser lançado, bem como as formas de inovação a serem agregadas a ele. Com esse objetivo, a análise do ciclo de vida passa pela compreensão de fatores determinantes. Quais fatores são

importantes para compreendermos a definição do ciclo de vida de um produto?

4. O ciclo de vida de um produto auxilia não somente no atendimento a novas necessidades e desejos, mas também no desenvolvimento de novos processos de inovação, para garantir o processo contínuo de aprimoramento. Nesse aspecto, ganha força o conceito de inovação incremental. Qual é o significado desse conceito?

5. Após o levantamento das informações do mercado e da análise dos ambientes interno e externo, é necessário realizar a segmentação do público-alvo – observadas as questões geográficas, demográficas, econômicas e sociais –, a definição do público-alvo e o posicionamento da empresa no mercado. Sobre os processos de segmentação e definição do público-alvo e posicionamento, assinale a alternativa correta:

a. A segmentação de mercado é uma prática que deve ser evitada, porque fortalece o preconceito econômico e social.

b. A segmentação define como o produto se colocará na mente do consumidor e envolve preço, qualidade e outros atributos.

c. O posicionamento significa a divisão do mercado em fatias, com base em conceitos econômicos, demográficos ou sociais.

d. O público-alvo são os clientes que o produto pretende atender, que tem como base os perfis definidos.

Questões para reflexão

1. Quais foram os acontecimentos na década de 1970 que forçaram as empresas a buscar a inovação e o desenvolvimento de novos produtos com base nas estratégias de marketing?

2. O desenvolvimento de novos produtos tem um papel fundamental na criação de valor para o cliente. Com base nesse contexto, desenvolva um novo produto considerando os cinco níveis: benefício central, produto básico, produto esperado, produto ampliado e produto potencial.

3. Segundo Las Casas (2004), o processo de lançamento de novos produtos é composto de seis etapas: obtenção de ideias, seleção, planejamento do projeto, desenvolvimento do produto, teste de marketing e comercialização. Levando em consideração esse conceito, aplique a fase de obtenção de ideias usando a estratégia de *benchmarking*.

4. A definição da correta estratégia competitiva é fundamental para o planejamento comercial. Com base nesse entendimento, escolha uma estratégia competitiva de novos produtos e realize uma associação sobre o segmento comercial que melhor se adapta a essa estratégia.

5. O produto *refrigerante* se encaixa em qual estratégia competitiva? Por quê?

Perguntas e respostas

A inovação é fundamental para o desenvolvimento de novos produtos. Para fomentar a inovação, além de qualificação e capacitação, também é necessário o apoio à criatividade. No Brasil, quais barreiras são impostas para impedir a criatividade?

Resposta: No caso brasileiro, afora a deficiência nas políticas de qualificação e capacitação, existe ainda a falta de apoio das próprias empresas, que não investem em inovação, além das barreiras ligadas a custos e à questão cultural, pois há uma dificuldade das empresas brasileiras de enxergar a criatividade como um fator produtivo.

Consultando a legislação

A Lei n. 12.305/2010 estabelece a Política Nacional de Resíduos Sólidos (PNRS), que, entre diversas ações, estabelece a responsabilidade compartilhada pelo ciclo de vida dos produtos entre produtores e consumidores. A lei estabelece a chamada *logística reversa*, cabendo às empresas produtoras estabelecer políticas de tratamento ambiental que contemplem as formas de devolução, reciclagem e destinação ambiental correta dos resíduos.

BRASIL. Lei n. 12.305, de 2 de agosto de 2010. **Diário Oficial da União**, Poder Legislativo, Brasília, DF, 3 ago. 2010. Disponível em: <http://www.planalto.gov.br/ccivil_03/_ato2007-2010/2010/lei/l12305.htm>. Acesso em: 5 jan. 2017.

capítulo 4

redes interorganizacionais (alianças estratégicas)

Conteúdos do capítulo:

» Alianças estratégicas.

» Estruturas organizacionais.

» *Outsourcing.*

» Confiança e formação de alianças.

Após o estudo deste capítulo, você será capaz de:

1. identificar a importância das alianças estratégicas no mercado;

2. apontar os tipos de alianças estratégicas;

3. elencar os tipos de estruturas organizacionais;

4. compreender o conceito de terceirização.

Atualmente, em sua luta pela competitividade, as empresas buscam cada vez mais se organizar para serem capazes de sobreviver no mercado. Para isso, as chamadas *redes interorganizacionais* têm sido utilizadas por elas como estratégia. A importância desse processo é que as empresas conseguem se organizar conjuntamente, agindo de maneira sinérgica, em uma cooperação mútua, para a obtenção de recursos e oportunidades que dificilmente seriam obtidos sem a organização conjunta.

Em linhas gerais, podemos dizer que as redes interorganizacionais são conexões e relações entre as empresas de um mesmo setor ou de atividades correlatas constituídas visando

ao fortalecimento de seus membros diante de mercados cada
vez mais competitivos.

As redes interorganizacionais têm surgido por diversos motivos: redução de custos, ou seja, todos os membros saem ganhando, com menos contas a pagar; aumento do poder de negociação, pois o grupo se torna forte o suficiente para promover ofertas e melhores condições de negociação; e acesso a mercados ainda não explorados ou que estão apenas no início do desenvolvimento.

As redes podem constituir espaços para a troca de conhecimento entre indivíduos, grupos e organizações. Uma vez constituída a rede, o conhecimento pode ser gerado e transmitido entre seus membros (Balestrin, 2005; Balestrin; Vargas; Fayard, 2005). No entanto, isso não ocorre de forma natural, sendo que outra rede informal pode surgir entre os atores da rede interorganizacional.

4.1 Tipos de rede

Cada rede de conexões apresenta características "sociais, culturais, físicas e funcionais bem definidas, e [...] os nós e os centros de comunicação seguem uma hierarquia organizacional de acordo com seu peso relativo" (Castells, 1999, p. 502). Assim, cada estrutura de rede é composta de códigos e valores, e suas conexões representam instrumentos privilegiados de poder. Por isso a importância de entender os valores que envolvem uma cultura específica, nesse caso a brasileira, principalmente quando se acrescenta a ideia de Castells (1999) de que o poder dos fluxos é mais importante do que os fluxos de poder.

Para entendermos o que de fato são as **redes**, devemos dar atenção especial à **tipologia**. Uma definição clássica nos é dada por Grandori e Soda (1995), que classificam as redes em três tipos essenciais:

1. **Redes sociais** – Redes que se mantêm por meio de vínculos informais, mas são sustentadas por normas de grupo e mecanismos de controle social.

2. **Redes burocráticas** – São redes cujo grau de formalização pode variar, uma vez que seus modos de coordenação são formalizados pela troca de acordos contratuais ou associativos. Um exemplo são os consórcios e as franquias.

3. **Redes proprietárias** – São aquelas que sustentam os direitos de propriedade sobre atividades econômicas, nas quais a incerteza e o oportunismo prescindem de controle. Exemplo: *joint ventures* ou *capital ventures*, as quais analisaremos adiante.

Para Marinho e Amato Neto (2001), existem ainda dois tipos de redes, as **horizontais** e as **verticais**:

1. **Horizontais** – Das relações horizontais de cooperação, fazem parte organizações do mesmo ramo ou nível que concorrem pelo mesmo mercado, sendo essas redes formadas porque as organizações isoladas apresentam dificuldades. Essas redes têm como característica ter o foco nas trocas sociais, no relacionamento. Podemos ver um exemplo dessas relações nos *clusters* diversos, que relacionam empresas do mesmo ramo ou setor e que atuam conjuntamente para fortalecer sua atuação no mercado.

2. **Verticais** – Nas relações verticais, as organizações estão dispostas a exemplo do complexo automobilístico,
no qual o produto final é composto de muitas e diferentes peças e existem várias organizações envolvidas.
Nesse tipo de rede, a característica é a ênfase nas
trocas econômicas.

Uma característica comum de ambas as redes é a **flexibilidade**, ou seja, elas podem se moldar às demandas do momento
e se reorganizar se e quando for preciso. Em um mundo tão
competitivo como o atual, muitas vezes as redes são a salvação
para diversas empresas, diante dos desafios diários enfrentados
por elas.

4.1.1 Diversos nomes, um mesmo objetivo

Podemos descrever as redes interorganizacionais sob diferentes nomes: *clusters, arranjos produtivos locais (APLs),
aglomerados, distritos industriais* ou *redes de pequenas e
médias empresas*. No entanto, todas têm uma finalidade comum: fortalecer as empresas para que elas cresçam, prosperem
e inovem. Para Porter (1999), os aglomerados representam uma
combinação nítida entre **cooperação** e **competição**, uma vez
que tais aspectos coexistem porque se verificam em diferentes
dimensões e em diferentes participantes.

Segundo Ebers e Jarillo (1997/1998), essas redes podem con-
ferir diversas vantagens para as empresas que fazem parte delas:

a. **Aprendizado mútuo** – As empresas aprendem umas com as outras por meio da troca de experiências e tecnologia.

b. **Fluxo de informações** – Os dados sobre o mercado, as atualizações correntes, o que a sociedade está demandando no momento, a transparência nas decisões conjuntas, tudo pode ser conhecido por todos por meio dos canais de informações.

c. **Coordenação de recursos** – Os membros da rede podem aperfeiçoar diversos processos no investimento em determinada ideia ou projeto com base na organização, na classificação e na sistematização das verbas (ou pessoal, ou tecnologia). Isso pode ter impacto na redução de custos e de tempo.

d. **Barreiras de mercado** – Os produtos e os serviços das empresas membros das redes interorganizacionais podem ficar protegidos de ameaças em determinados mercados. Tomemos o caso de uma rede de cooperação de varejistas em cidades do interior que pode dificultar o ingresso de multinacionais do setor nesses mercados.

Enfim, atualmente, a união das empresas em redes, com qualquer denominação, é um dos caminhos para a sobrevivência de muitas delas, além de ser a oportunidade para que outras potencializem seus lucros e minimizem seus custos. Assim, organizar-se, juntar-se e cooperar são aspectos que estão cada vez mais na ordem do dia.

4.2 Alianças estratégicas: conceitos e formas

Segundo Hitt, Ireland e Hoskisson (2002), as **alianças estratégicas** são parcerias entre empresas, nas quais seus recursos, suas capacidades e suas competências essenciais são combinados para a obtenção de interesses mútuos ao projetarem, manufaturarem e distribuírem bens e serviços.

De acordo com Lewis (1992), as alianças proporcionam oportunidades únicas para o desenvolvimento da força das empresas, com um conjunto excepcionalmente amplo de parceiros, inclusive clientes, fornecedores, concorrentes, distribuidores, universidades e empresas de outras naturezas.

Já Faulkner e Rond (2000, citados por Rubel, 2002, p. 27) definem que a palavra *aliança*, que, "em algum ponto do passado definia uma relação particular, bem determinada entre empresas", é utilizada atualmente como um "termo guarda-chuva" para caracterizar uma vasta gama de relacionamentos entre elas.

Para os autores, os motivos de as empresas se juntarem em alianças são diversos, entre os quais podemos elencar os que seguem:

a. *Know-how* – As empresas trocam experiências e conhecimentos em suas áreas de especialidade. O que falta em uma pode sobrar em outra e, assim, ambas se complementam, em um ciclo virtuoso em que a relação ganha-ganha é a essência do negócio.

b. **Divisão do ônus** – Os custos de produção, de distribuição e até de propaganda dos produtos e serviços estão cada vez mais altos, e as empresas isoladas acabam tendo grandes déficits na responsabilidade por esses recursos. Porém, ao juntarem esforços em alianças com outras parceiras, os ônus podem ser divididos conforme a capacidade de pagamento de cada empresa ou conforme acordos preestabelecidos.

c. **Parceria nos riscos** – Os riscos inerentes a qualquer novo negócio são assumidos não apenas por uma, mas por duas ou mais empresas. Assim, os desafios se tornam mais fáceis e o senso de enfrentamento das adversidades aumenta, fortalecendo não apenas a empresa como instituição, mas toda a equipe.

d. **Oferta de produtos de qualidade e diversificação** – As empresas, juntas, podem trocar tecnologias, aprimorá-las umas das outras, somar esforços e, então, obter ofertas de produtos de maior qualidade para o mercado. Fora isso, a diversificação de ofertas aumenta consideravelmente, pois cada um dos parceiros envolvidos coloca seus produtos ou serviços à disposição, somando aos demais esses mesmos itens.

Com isso, ganha o público-alvo, que tem a seu dispor muito mais produtos do que se apenas uma empresa os oferecesse. Em lojas do interior do país, por exemplo, onde ocorrem essas parcerias estratégicas, produtos ou serviços que o consumidor só teria se viajasse até uma cidade maior ou mesmo uma capital são colocados ao alcance de todos que os procuram. Mais uma vez, quem ganha não são apenas as empresas, mas também os clientes.

A literatura da área apresenta diversas outras vantagens das alianças estratégicas, mas as que relacionamos aqui são as principais e que servem de base para as demais.

O que vale destacarmos como vantagem especial quanto aos objetivos é a **entrada em mercados globais**. Segundo Ratti (2000), as empresas que desejam buscar o mercado internacional devem levar em consideração fatores diferentes daqueles do país de origem, como costumes, variação cambial, longas distâncias, hábitos de comércio, natureza do mercado, sistemas de pesos e medidas.

4.3.1 Confiança como essência

Para que as alianças deem certo, é necessário apresentar um elemento que é a âncora do processo: a *confiança*. Essa palavra vem do latim *confidere*, que significa "acreditar plenamente, com firmeza", e é isso que os parceiros devem nutrir uns pelos outros. A confiança é, assim, a essência de todos os relacionamentos institucionais e/ou corporativos.

Nesse processo de construção das alianças estratégicas, devemos considerar algumas etapas:

a. **Definição dos objetivos** – Precisamos estabelecer quais serão os objetivos da parceria: econômicos, sociais ou tecnológicos? Ou seja, é preciso saber para onde devem convergir todos os esforços das empresas envolvidas.

b. **Escolha dos parceiros** – As parcerias devem ser cuidadosamente escolhidas. Deve-se ter afinidade de porte (tamanho da empresa), filosofia, valores e segmento de atuação.

c. **Definição das obrigações e dos direitos** – Deve ficar o mais claro e transparente possível o que cada parceiro deve fazer, o que é de responsabilidade de cada um e qual é o limite de atuação e os aportes envolvidos na transação. Isso deve ser escrito e registrado de forma legal, ou seja, conforme a lei. Por mais que esteja presente a confiança entre os parceiros e que a relação seja das mais amigáveis, é imprescindível o instrumento legal de um **contrato** para orientar e manter o projeto no rumo certo.

d. **Estudo dos impactos na organização** – Nas alianças, as empresas podem, juntas, pesquisar, analisar e estudar os dados referentes ao setor em que atuam. Isso realizado em conjunto tem uma força muito grande, pois ocorre a troca de experiências entre os parceiros e novas ideias podem surgir dessa análise. Por outro lado, uma nova norma governamental que atinja as empresas componentes da aliança pode ser estudada à luz dos impactos que poderá causar em todas elas – isso aumenta a oportunidade e o potencial de reação das empresas.

e. **Planejamento da integração** – A integração deve ser planejada, ou seja, deve ser realizada passo a passo, no tempo certo, com os parceiros certos. Não é possível apenas juntar e ver depois o que pode ser feito. É necessário que a proposta seja discutida para, então, ser viabilizada.

f. **Concretização da aliança** – Após o planejamento da aliança, ela é realizada de fato. Os trâmites burocráticos e legais são assinados e o desenvolvimento do processo toma forma e corpo. Então, os parceiros estão prontos para atuar no objetivo proposto. A aliança está, enfim, concretizada.

Percebemos, assim, que a confiança é o elemento fundamental para o sucesso em conjunto entre duas ou mais empresas. Uma relação comercial sem confiança está fadada à falência.

4.2.2 Capital social nas alianças

Entre os membros das alianças existem conhecimentos que estão implícitos, mas que são expressos em diferentes ocasiões, muitas vezes na própria cultura organizacional. Isso fortalece os membros da aliança para que enfrentem os riscos e aproveitem as oportunidades para o pleno desenvolvimento de toda a rede. Existe, porém, uma questão: em muitas dessas relações, as empresas são concorrentes no mercado, o que pode afetar o convívio entre elas. Nesse caso, a solução é as empresas pensarem, em primeiro lugar, na união para a sobrevivência e, depois, na estabilidade, no fortalecimento e, então, passar à competição.

Hitt, Ireland e Hoskisson (2002) dividem as alianças em até três tipos básicos: *joint venture*, **aliança estratégica acionária** e **aliança sem participação acionária** (cooperação informal):

a. *Joint venture* – Nas *joint ventures*, duas ou mais empresas criam uma companhia independente, combinando parte de seus ativos. Esse tipo de aliança é eficiente para estabelecer relações de longo prazo e para transferir os conhecimentos que as empresas já têm. Aqui, é comum que cada uma das empresas entre na aliança com a mesma porcentagem de capital.

b. **Aliança estratégica acionária** – Nesse tipo de aliança, os parceiros entram no projeto com diferentes percentuais de capital. A aliança estratégica acionária é mais indicada para a transferência de *know-how* entre os parceiros.

c. **Aliança estratégica sem participação acionária** – Essas alianças apresentam acordos sem aporte de capital social. Elas têm o objetivo de cooperação mútua, com maior ênfase na área social. São menos formais e exigem menor compromisso da parte dos sócios parceiros.

Assim, em uma relação comercial de confiança que produz uma aliança, os membros envolvidos devem escolher a melhor forma pela qual todos serão beneficiados.

4.3 Estrutura organizacional

A **estrutura organizacional** é a forma como as empresas ou instituições se organizam para agir no mercado. A hierarquia, a distribuição das funções, o modo como este ou aquele assunto pode ser abordado, a comunicação e seus fluxos, enfim, seu **funcionamento** no dia a dia fazem parte da estrutura de uma corporação.

Não existe um padrão de estrutura que sirva para todas as empresas. Cada uma deve adotar o que melhor se adaptar a seus interesses e objetivos, e isso inclui também a **cultura** do lugar onde a empresa está localizada. Veremos na sequência alguns tipos de estrutura organizacional.

4.3.1 Modelos de estrutura organizacional

Embora cada organização tenha um jeito particular de lidar com a operacionalização de suas atividades cotidianas, existem alguns modelos de estrutura que são mais utilizados em todo o mundo. Todos têm seus prós e contras, suas vantagens e desvantagens. A seguir, analisamos os principais modelos – ou seja, os mais utilizados – atualmente nas corporações.

Estrutura linear

É uma estrutura bastante simples, na qual cada linha de trabalho executa tarefas específicas e bem-definidas. Esse modelo é muito utilizado em pequenas empresas, nas quais não há muita diversificação do trabalho e é grande a proximidade entre os funcionários. O chefe tem **comando total** do funcionamento da empresa e as decisões são **centralizadas**. A comunicação é **descendente** – ou seja, dos chefes para os subordinados – e o questionamento de ordens é considerado quase uma afronta à autoridade instituída. No Quadro 4.1, temos as vantagens e as desvantagens dessa estrutura.

Quadro 4.1 – Vantagens e desvantagens da estrutura linear

Vantagens	Desvantagens
Autoridade única	Tendência burocratizante
Funciona bem em pequenas empresas	Comando único produz menor comprometimento das pessoas
Mais simples	Comunicação lenta
Mais econômica	Relação chefe-subordinado
Facilidade de comando	Desfavorece o espírito de equipe
Clara definição de responsabilidades	Atividades de execução separadas das atividades de decisão

A estrutura da administração é relevante para definir as características da comunicação e da chefia do processo. A estrutura linear apresenta vantagens para o processo, principalmente no tocante à centralização, mas também tem desvantagens, quando do excesso de concentração da chefia, o que torna o processo mais lento para a tomada de decisões.

Estrutura linear staff

Esse é o modelo em que as unidades de comando estão localizadas em **unidades especiais**. Essas unidades devem ser **independentes** em sua atuação, permitindo a liberdade de opinião de seus componentes. O *staff* aconselha e recomenda possíveis mudanças à equipe operacional, mas não interfere no comando da ação. Assim, o *staff* é que se adapta à linha de produção, para poder auxiliá-la. No Quadro 4.2, apresentamos as vantagens e as desvantagens dessa estrutura.

Quadro 4.2 – Vantagens e desvantagens da estrutura linear *staff*

Vantagens	Desvantagens
Agrega novos conhecimentos	Dificuldades de coordenação interna
Facilita a atuação de especialistas	Agrega funções de assistência às funções de comando
Possibilita o foco em problemas específicos	Estimula a formação de "técnicos de gabinete"
O gerente tende a ser mais respeitado pela empresa	O gerente não tem poder de comando, apenas age passivamente

Assim, embora a estrutura linear *staff* contribua para a especialização dos processos, também apresenta desvantagens no processo de coordenação, pela ausência de poder de comando.

Esse tipo de estrutura é fundamentado em um **único comando para cada função**, de modo que os colaboradores exercem mais de uma função e ficam sob a responsabilidade de mais de um chefe. Nela, trabalha-se com objetivos de longo prazo. Todos os níveis de execução são subordinados funcionalmente aos correspondentes níveis de comando funcional. No Quadro 4.3, temos as vantagens e as desvantagens dessa estrutura.

Quadro 4.3 – Vantagens e desvantagens da estrutura funcional

Vantagens	Desvantagens
Promove o aperfeiçoamento	Muitos líderes
Facilita a especialização nos escalões hierárquicos superiores	Dificuldade de disciplina
Facilita o trabalho em equipe	Confusão quanto aos objetivos
O especialista sente-se mais valorizado	Aumento do conflito interfuncional

O grande risco da adoção do modelo de estrutura funcional se deve ao fato de que o excesso de especialização pode contribuir para a visão global do processo da empresa, gerando aumento de conflitos. Por outro lado, esse modelo permite uma melhor eficiência na utilização dos profissionais especializados.

Estrutura por projetos

Nessa organização, tudo converge para a consecução dos objetivos propostos. Ela é formada por **unidades independentes**, cada uma dirigida por um gerente designado especificamente para a função, ao qual é conferida plena autoridade sobre o projeto.

Ele pode utilizar os recursos materiais e humanos existentes na organização ou adquiridos fora dela. Trata-se de uma estrutura menor, temporária, em uma grande empresa; com o fim do projeto, pode-se dissolver a estrutura. No Quadro 4.4, a seguir, temos as vantagens e as desvantagens da estrutura por projetos.

Quadro 4.4 – Vantagens e desvantagens da estrutura por projetos

Vantagens	Desvantagens
Clara compreensão dos objetivos	Sentimentos de ciúmes
Forte espírito de equipe	Maior quantidade de trabalho
Fluidez da comunicação verbal	Permanência no emprego
Concentração de esforços	Uso ineficiente de recursos

Embora esse modelo permita o aprimoramento do foco no objetivo, ele pode apresentar características de ineficiência, principalmente no tocante à alocação da mão de obra. Se, por um lado, a equipe do projeto se torna mais coesa, por outro, a empresa pode apresentar um clima competitivo negativo.

Estrutura com colegiados

Um colegiado (ou comitê) é um grupo que se reúne para resolver determinados tipos de problema. O colegiado pode ser permanente ou *ad hoc*, ou seja, para essa finalidade.

Existem três tipos de colegiado: o **executivo** (ou de linha), o de **estudo** (ou consultivo) e o de **coordenação e integração**. No Quadro 4.5, vemos as vantagens e as desvantagens desse tipo de estrutura.

Vantagens	Desvantagens
Redução dos conflitos decorrentes de decisões tomadas	Perigo de soluções conciliatórias
Desenvolvimento do espírito de equipe e da cooperação	Custos mais elevados
Maior ponderação nos processos decisórios	Lentidão nos processos decisórios
Soluções mais "fortes", com o desenvolvimento de visão abrangente	Responsabilidade fracionada

A estrutura com colegiados apresenta a vantagem de ter uma visão mais ampla dos processos, de modo a melhorar as decisões; por outro lado, o trabalho de reunião e deliberação de um colegiado pode apresentar características de ineficiência, alongando o tempo para a tomada de decisões.

4.4 Outsourcing: riscos das terceirizações

A **terceirização**, ou *outsourcing*, é a realização das atividades organizacionais por pessoas ou empresas de fora da organização. É a transferência para terceiros da execução de tarefas nas quais a relação custo-benefício da execução interna não é vantajosa, seja do ponto de vista financeiro, seja da qualidade ou mesmo da especialidade.

Inicialmente, essa prática surgiu nas áreas ditas "de apoio", tais como: conservação e limpeza, assistência médica e alimentação dos funcionários. Atualmente, sob o impacto das novas tecnologias de gestão, as atividades empresariais adotam terceirização em outros segmentos, além daqueles ligados à logística, como operações relacionadas ao processamento de dados, assistência jurídica, atividades contábeis, entre várias outras.

O que vemos de positivo na adoção desse tipo de modalidade de contratação de serviços é o fato de que se torna desnecessária a manutenção de uma equipe própria, que envolve todos os custos (salários, encargos sociais, treinamento, livros técnicos, espaço ocupado dentro da organização e gastos com equipamentos).

Na iniciativa privada, o método de contratar terceiros, segundo Leiria e Saratt (1995), surgiu nos Estados Unidos antes da Segunda Guerra Mundial e se consolidou como técnica de administração empresarial a partir da década de 1950, com o desenvolvimento acelerado da indústria. No Brasil, conforme escreve Queiroz (1998, p. 63), a terceirização foi gradativamente implementada com a chegada das empresas multinacionais, principalmente as automobilísticas, no início da década de 1980. Essas fábricas adquiriam as peças de outras empresas, guardando para si a atividade fundamental de montagens de veículos.

Desde aquela época, até aproximadamente 1989, a terceirização era conhecida como *contratação de serviços de terceiros* e vinha sendo aplicada apenas para reduzir custos de mão de obra. As empresas utilizavam esse recurso simplesmente para obter economias e gerar ganhos de qualidade, eficiência, especialização, eficácia e produtividade.

As pequenas e médias empresas, mais ágeis, percebendo o momento de mudança, aproveitaram-se da situação e começaram a conquistar parcelas significativas do mercado. Contudo, as

grandes organizações logo tiveram de buscar novas saídas que as
colocassem novamente no mercado, de forma competitiva. A partir daí, passou-se a transferir para terceiros a incumbência pela execução das atividades secundárias. Surgiu então o *outsourcing*, termo inglês que significa "terceirização", referenciado sempre pela concepção estratégica de implementação (Giosa, 1997).

4.5.1 Vantagens

A terceirização, como qualquer modelo de gestão, apresenta vantagens e desvantagens para a empresa, as quais devem ser consideradas e muito bem analisadas. Segundo Martins (2001), a principal vantagem da terceirização, sob o aspecto administrativo, seria a de ser uma alternativa para melhorar a qualidade do produto ou serviço vendido e para aumentar a produtividade. Essa também seria uma forma para ter controle de qualidade total dentro da empresa, contribuindo para os objetivos dos administradores de redução dos encargos trabalhistas e previdenciários e, consequentemente, a redução do preço final do produto ou serviço. Adotando a terceirização, a empresa pode concentrar seus recursos e esforços em sua própria área produtiva, ou seja, na área em que é especializada, melhorando assim a qualidade de seus produtos e sua competitividade no mercado.

Com isso, objetiva-se uma redução de custos, principalmente dos custos fixos, transformando-os em custos variáveis e aumentando os lucros da empresa, o que ocasiona eficiência e eficácia em suas ações, além de economia de escala, com a eliminação de desperdícios. Ocorre ainda a redução do espaço ocupado, pois atividades (de pessoal e de material) que antes lhe pertenciam foram terceirizadas; a criação de empregos na empresa terceirizada; o aperfeiçoamento da mão de obra; a distribuição de renda entre os participantes do processo; a concentração de esforços na atividade-fim da empresa; a especialização no serviço; o aumento da concorrência e a produtividade para todo o mercado. Assim, a terceirização, ao gerar novas empresas, gera também novos empregos e, em contrapartida, aumenta a arrecadação de impostos na área de serviços (Martins, 2001).

4.4.2 Desvantagens

Como desvantagens da terceirização, indicamos a perda do emprego, no qual o trabalhador tinha remuneração certa mensal; sua situação passa a ser incerta, além da perda dos benefícios sociais decorrentes do contrato de trabalho e das normas coletivas da categoria, bem como o custo das demissões que ocorrem na fase inicial. Um dos principais riscos da terceirização é a contratação de empresas inadequadas para realizar os serviços, sem competência ou idoneidade financeira, pois daí poderão advir problemas, principalmente de natureza trabalhista. Outro risco é o de se pensar na terceirização apenas como uma forma de reduzir custos: se esse objetivo não for alcançado ou se, no final, a terceirização não der certo, isso implicará o desprestígio de todo o processo (Martins, 2001).

Por fim, o empresário que pretende terceirizar uma atividade de sua empresa deve, acima de tudo, buscar qualidade: para que a relação dê certo, é preciso ter confiança no parceiro, tendo em vista a necessidade de fazer a escolha correta na hora de terceirizar.

4.5 Confiança como fator-chave na formação das alianças

Os relacionamentos de cooperação entre empresas implicam que as organizações, não os indivíduos, são as partes principais da relação interorganizacional e que os indivíduos atuam como agentes de suas respectivas organizações. Nesse sentido, Burns e Wholey (1993) opinam que as organizações envolvidas em redes profissionais apresentam múltiplos laços com outras organizações profissionais e associações, participam ativamente nesses grupos e são procuradas com frequência por essas organizações, que querem informar e influenciar.

Por outro lado, Ring e Van de Ven (1994) afirmam que os gerentes devem conhecer não somente as condições de entrada, de investimentos e os tipos de estrutura de governança necessária para o relacionamento interorganizacional, mas também as formas pelas quais os agentes negociam, executam e modificam os termos de uma relação desse gênero; isso influencia fortemente a forma como as partes julgam ser o relacionamento equitativo e eficiente e também as motiva a continuar ou terminar a relação com o passar do tempo.

Na literatura de administração e sociologia, encontramos duas visões sobre a **confiança**: uma de **risco de negócio**, baseada na **confiança** e na **expectativa**, e outra baseada na **boa vontade**.

Na visão da confiança baseada no risco, ao se colocarem contra estados incertos da natureza, a seleção desfavorável e o perigo moral, as partes utilizam uma variedade de instrumentos contratuais formais, como garantias, mecanismos de segurança, leis e hierarquia organizacional.

A segunda e mais restrita definição de confiança enfatiza a fé na integridade moral ou na boa vontade dos outros; esta é produzida por meio de interações pessoais que direcionam para vínculos psicossociais de normas mútuas, sentimentos e amizades ao lidar com as incertezas (Ring; Van de Ven, 1994). Segundo Ring e Van de Ven (1994), as relações de cooperação somente surgem, evoluem, crescem e se dissolvem com o passar do tempo como uma consequência das atividades individuais.

Assim, existem três formas pelas quais os indivíduos afetam uma relação interorganizacional de cooperação: ao definir o grau de incerteza associado com a mudança; ao determinar o nível de confiança interpessoal necessário para resolução de conflitos; e ao delimitar expectativas de resultados das partes para incluir equidade e eficiência.

Enfim, a confiança é fundamental para a consecução das alianças estratégicas. Sem ela como ponto de partida e âncora do processo, nenhuma parceria se desenvolve e obtém resultados positivos.

Síntese

Neste quarto capítulo, analisamos a importância das alianças estratégicas no mercado, ou seja, as vantagens que elas proporcionam e como também atuam no fator *competitividade*. Vimos também os tipos de alianças estratégicas e como elas se inter-relacionam, bem como os tipos de estruturas organizacionais. Por fim, apresentamos o conceito de *terceirização* e toda a amplitude que esse termo abrange, incluindo as vantagens e as desvantagens de cada forma de ela acontecer.

Questões para revisão

1. Atualmente, em sua luta pela competitividade, as empresas buscam cada vez mais se organizar, para serem capazes de sobreviver no mercado. Para isso, as chamadas *redes interorganizacionais* têm sido utilizadas por elas como estratégia. Nesse contexto, qual é a importância desse processo?

2. O que são as chamadas *redes proprietárias*?

3. Segundo Hitt, Ireland e Hoskisson (2002), as alianças estratégicas são parcerias entre empresas, nas quais seus recursos, suas capacidades e suas competências essenciais são combinados para a obtenção de interesses mútuos:

   a. ao projetarem, manufaturarem e distribuírem bens e serviços.

   b. ao realizarem produtos exclusivos.

   c. ao modificarem produtos ou serviços já existentes.

   d. ao diagnosticarem problemas na elaboração de produtos e serviços.

   e. ao criarem subsídios para a elaboração de novos produtos.

4. Sobre as vantagens e as desvantagens da estrutura por colegiados, avalie as proposições que seguem:

   I. Uma das vantagens é que existe a redução dos conflitos decorrentes de decisões tomadas.

   II. Porém, isso pode refletir na elevação dos custos.

   Está correto dizer que:

a. A primeira e a segunda afirmativas estão corretas.

b. A primeira afirmativa está correta e a segunda está incorreta.

c. Ambas as afirmativas estão incorretas.

d. A primeira afirmativa está correta, mas a segunda não a justifica.

e. A primeira afirmativa está incorreta e a segunda está correta.

5. A terceirização, ou *outsourcing*, é a realização das atividades organizacionais por pessoas ou empresas de fora da organização. Em outras palavras, é a transferência para terceiros da execução de tarefas nas quais a relação custo-benefício da execução interna:

a. não é vantajosa, seja do ponto de vista financeiro, da qualidade ou mesmo da especialidade.

b. é vantajosa, seja do ponto de vista financeiro, seja da qualidade ou mesmo da especialidade.

c. não é vantajosa, mas apenas do ponto de vista financeiro.

d. é vantajosa, e isso inclui as negociações estabelecidas entre as partes em primeiro lugar.

e. não é vantajosa, levando-se em conta exclusivamente a especialidade.

Questões para reflexão

Vamos pensar um pouco sobre o que vimos nas páginas anteriores? A seguir, apresentamos duas questões que podem ajudar você a refletir sobre o tema que abordamos neste capítulo.

1. Existem limites morais e éticos nas fusões? Elas podem ser realizadas visando apenas aos resultados?

2. A empresa em que você trabalha lidaria bem com a questão das fusões? Se ela já é parte de uma fusão, tal iniciativa vale a pena?

Perguntas e respostas

1. O que são as redes sociais?

   Resposta: São as redes que se mantêm por meio de vínculos informais, mas que são sustentadas por normas de grupo e mecanismos de controle social.

2. Quais são as vantagens e as desvantagens da estrutura linear?

   Resposta: A estrutura linear apresenta diversas vantagens para o processo, principalmente no tocante à centralização, mas também tem desvantagens, quando do excesso de concentração da chefia, o que torna o processo mais lento para a tomada de decisões.

3. O que é a terceirização?

   Resposta: A terceirização, ou *outsourcing*, é a realização das atividades organizacionais por pessoas ou empresas de fora da organização.

4. Quais são as desvantagens da terceirização para os colaboradores?

   Resposta: Perda do emprego, no qual os trabalhadores tinham remuneração mensal certa; situação incerta, além de perda dos benefícios sociais decorrentes do contrato de trabalho e das normas coletivas da categoria, bem como o custo das demissões que ocorrem na fase inicial.

5. Na visão da literatura de administração sobre a *confiança*, o que é a confiança baseada no risco?

   Resposta: Na visão da confiança baseada no risco, ao se colocarem contra estados incertos da natureza, a seleção desfavorável e o perigo moral, as partes utilizam uma variedade de instrumentos contratuais formais, como garantias, mecanismos de segurança, leis e hierarquia organizacional.

Consultando a legislação

Um dos assuntos de que tratamos neste capítulo foi a terceirização. No Brasil, esse processo está sendo discutido no âmbito legal. O principal objetivo do Projeto de Lei (PL) n. 4.330/2004, ou Lei da Terceirização, consiste em regulamentar a contratação de serviços terceirizados e ampliar os casos em que a modalidade de contratação é legal. Pelo texto, os serviços principais das empresas, chamados *atividades-fim*, também poderão ter trabalhadores terceirizados. Atualmente, somente é possível a contratação de funcionários terceirizados para as chamadas *atividades-meio*, ou que não são o foco principal de uma companhia, por exemplo, o serviço de limpeza em uma editora de livros (Mendonça; Rossi, 2015).

Portanto, vale a pena conhecer melhor como funciona essa questão, e uma das formas é consultando o PL n. 4.330/2004.

BRASIL. Câmara dos Deputados. **Projeto de Lei n. 4.330, de 2004**. Dispõe sobre o contrato de prestação de serviço a terceiros e as relações de trabalho dele decorrentes. 2004. Disponível em: <http://www.camara.gov.br/proposicoesWeb/prop_mostrarintegra?codteor=246979>. Acesso em: 5 jan. 2017.

capítulo 5
gestão de proje-tos para produtos

Conteúdos do capítulo:

» Gestão de projetos para produtos.

» Razão do fracasso de projetos.

» Metodologia e processo de projetos.

» Melhoria do desempenho de projetos.

Após o estudo deste capítulo, você será capaz de:

1. apontar as razões que levam ao fracasso dos projetos;

2. compreender o ciclo de vida dos processos, bem como as interdependências internas do processo;

3. determinar os riscos envolvidos no planejamento e no gerenciamento dos processos;

4. elencar os fatores de melhoria no gerenciamento dos processos.

egundo o *Dicionário Michaelis* (2017), a palavra *projeto* corresponde a "plano para a realização de um ato; desígnio, intenção. Cometimento, empreendimento, empresa". Já para Maximiano (2010, p. 4):

> *A palavra pode ser usada com vários sentidos: intenção (tenho o projeto de fazer um curso), ideal (um projeto de sociedade; de governo), esboço (ainda não é um livro, é apenas um projeto; projeto de lei), desenho (projeto da nova casa), e até mesmo a concepção física de um objeto (a nova casa é um belo projeto – aqui com o sentido de design).*

Assim, para entendermos a gestão de projetos [1], devemos estudar sobre metodologias, processos e estruturas organizacionais, as quais não são lineares, ou seja, são totalmente adaptáveis para a ocorrência de mudanças nas empresas.

De acordo com Leite (2007), as organizações apresentam maneiras distintas de se organizar e de agir perante as mudanças e as particularidades, pois têm suas próprias tradições e culturas. Dessa maneira: "Duas empresas distintas, adotando uma mesma metodologia de gerenciamento de projetos, por exemplo, podem ter processos e estruturas organizacionais bastante diferentes. Cada uma terá suas peculiaridades, que serão o resultado da fusão da metodologia com sua cultura própria" (Leite, 2007, p. 23).

Então, temos que **projeto** é a aglomeração de atividades finitas e temporárias, que visam à qualificação de produtos ou serviços para a lucratividade dos negócios, considerando que todas as ações apresentam graus diferentes de riscos, custos, comunicação e temporalidade.

5.1 Metodologia de projetos

Antes de centrarmos o foco na pesquisa e no desenvolvimento de produtos, é necessário entendermos que a gestão de projetos é um elemento essencial para o desenvolvimento de produtos em todos os parâmetros e em todas as condições de qualidade, de modo a fomentar a estruturação e o regramento de tempos ideais.

---

1 Para aprofundar seu entendimento sobre **gestão de projetos**, leia o Estudo de caso da Volkswagen do México, disponível na seção "Estudos de caso". Essa leitura permitirá a você perceber que a gestão de um projeto com perfeição faz toda a diferença, tanto no tempo quanto no orçamento disponíveis.

Segundo o *Project Management Body of Knowledge* – PMBOK[2]:

O conjunto de conhecimentos em gerenciamento de projetos é a soma dos conhecimentos intrínsecos à profissão de gerenciamento de projetos. Assim como em outras profissões como advocacia, medicina e contabilidade, o conjunto de conhecimentos pertence aos profissionais e acadêmicos que o aplicam e o desenvolvem. O conjunto de conhecimentos em gerenciamento de projetos completo inclui práticas tradicionais comprovadas amplamente aplicadas, além de práticas inovadoras que estão surgindo na profissão, inclusive materiais publicados e não publicados. Como resultado disso, o conjunto de conhecimentos em gerenciamento de projetos está em constante evolução. (PMI, 2004, p. 3)

Assim, a **gerência de projetos** consiste na aplicação de conhecimentos, habilidades, ferramentas e técnicas para projetar atividades, de maneira a satisfazer ou extrapolar as necessidades e as expectativas dos *stakeholders*[3]. Porém, a satisfação ou a extrapolação das necessidades são processos que envolvem um balanceamento entre as várias demandas concorrentes em relação a:

» escopo, tempo, custo e qualidade;

» *stakeholders* com necessidades e expectativas diferenciadas; e

» requisitos identificados (necessidades) e requisitos não identificados (expectativas).

---

2 O PMBOK é um manual de práticas na gestão de projetos organizado pelo *Project Management Institute* (PMI), sendo referência de conhecimento sobre gestão de projetos para profissionais da área. Por sua vez, o PMI é uma instituição sem fins lucrativos que organiza manuais e padrões para o gerenciamento de projetos.

3 Aqui, entendemos o termo *stakeholders* como "partes interessadas".

Para cobrir todas as áreas que fazem parte da gerência de
projetos, o PMBOK a subdividiu em processos, conforme mostra
a Figura 5.1.

Figura 5.1 – Visão geral das áreas de conhecimento em
gerenciamento de projetos e processos de gerenciamento
de projetos – PMBOK-PMI (*Project Management Institute*)

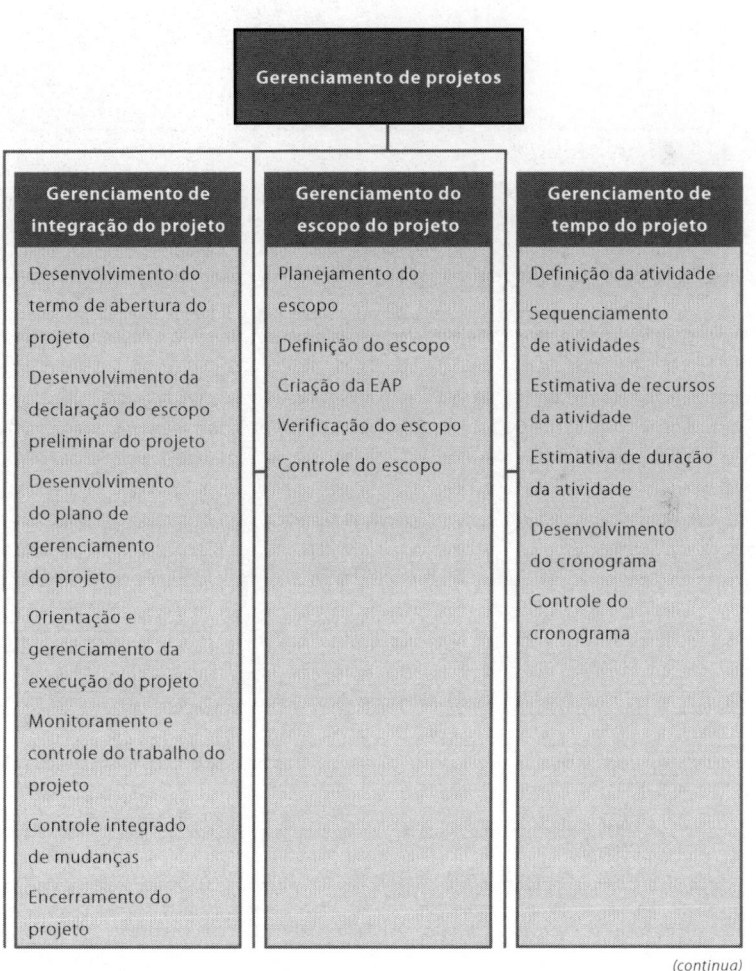

Gerenciamento de projetos

Gerenciamento de integração do projeto	Gerenciamento do escopo do projeto	Gerenciamento de tempo do projeto
Desenvolvimento do termo de abertura do projeto	Planejamento do escopo	Definição da atividade
Desenvolvimento da declaração do escopo preliminar do projeto	Definição do escopo	Sequenciamento de atividades
Desenvolvimento do plano de gerenciamento do projeto	Criação da EAP	Estimativa de recursos da atividade
Orientação e gerenciamento da execução do projeto	Verificação do escopo	Estimativa de duração da atividade
Monitoramento e controle do trabalho do projeto	Controle do escopo	Desenvolvimento do cronograma
Controle integrado de mudanças		Controle do cronograma
Encerramento do projeto		

(continua)

(Figura 5.1 – conclusão)

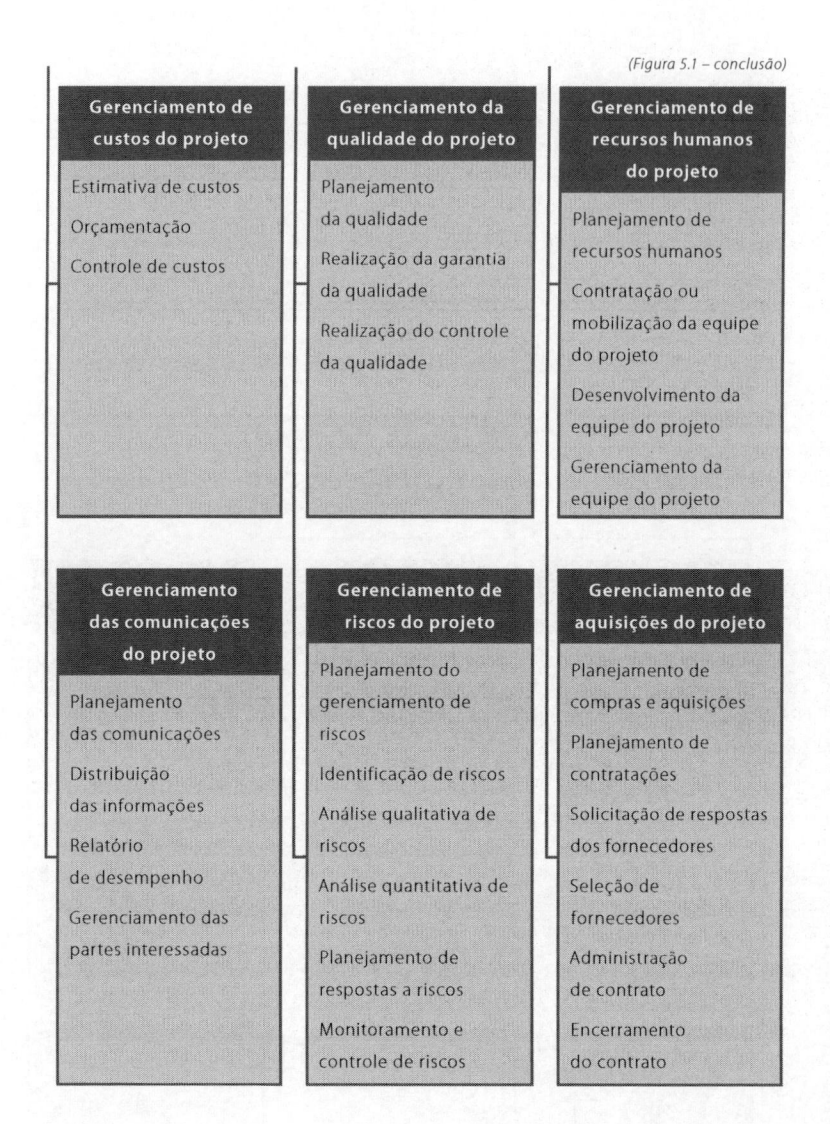

Gerenciamento de custos do projeto	Gerenciamento da qualidade do projeto	Gerenciamento de recursos humanos do projeto
Estimativa de custos	Planejamento da qualidade	Planejamento de recursos humanos
Orçamentação	Realização da garantia da qualidade	Contratação ou mobilização da equipe do projeto
Controle de custos	Realização do controle da qualidade	Desenvolvimento da equipe do projeto
		Gerenciamento da equipe do projeto

Gerenciamento das comunicações do projeto	Gerenciamento de riscos do projeto	Gerenciamento de aquisições do projeto
Planejamento das comunicações	Planejamento do gerenciamento de riscos	Planejamento de compras e aquisições
Distribuição das informações	Identificação de riscos	Planejamento de contratações
Relatório de desempenho	Análise qualitativa de riscos	Solicitação de respostas dos fornecedores
Gerenciamento das partes interessadas	Análise quantitativa de riscos	Seleção de fornecedores
	Planejamento de respostas a riscos	Administração de contrato
	Monitoramento e controle de riscos	Encerramento do contrato

Fonte: Adaptado de PMI, 2004, p. 261.

Assim, cada processo se refere a um aspecto que devemos considerar dentro da gerência de projetos, e todos os processos devem estar presentes quando da execução do projeto, para que este tenha sucesso.

Detalhando, esses processos são os seguintes:

a. **Gestão de integração do projeto** – Essa área inclui os processos necessários para assegurar que os elementos do projeto estejam coordenados apropriadamente. Ela envolve realizar compensações entre os objetivos e as alternativas eventualmente concorrentes, a fim de atingir ou superar as necessidades e as expectativas. Os principais processos que compõem essa área de conhecimento são: **desenvolvimento e execução do plano de projeto** e **controle geral das mudanças**. As principais ferramentas e técnicas que apoiam essa área são os sistemas de informações para GP (como sistemas de gerenciamento de dados do produto (PDM) e *electronic document management* (EDM)), as revisões de projeto, os sistemas de controle de modificações e as medidas de desempenho (como o *earned value management*).

b. **Gestão do escopo** – Considera todos os processos necessários para garantir que o projeto contenha todo o trabalho necessário (e somente o necessário) para que seja completado com sucesso. A preocupação fundamental consiste em definir e controlar o que está ou não incluído no projeto. Os processos principais relativos ao escopo são: **planejamento, detalhamento, verificação e controle de mudanças**. As principais ferramentas e técnicas são os modelos de decisão (seleção de projetos), as técnicas de análise do produto (desdobramento da função qualidade (QFD), análise e engenharia de valor), a análise de viabilidade econômica, o *brainstorming* e a *work breakdown structure* (WBS).

c. **Gestão do tempo** – São os processos necessários para assegurar a conclusão dos trabalhos no prazo planejado. Os principais processos que compõem essa área são: **definição, sequenciamento e estimativa de duração das atividades e desenvolvimento e controle do cronograma.** As ferramentas e técnicas utilizadas aqui são o diagrama de precedência, o método do diagrama de setas (*arrow diagramming method* – ADM), o diagrama condicional (*conditional diagramming method* – CDM), o gráfico de avaliação e revisão técnica (*graphical evaluation and review technique* – Gert), o programa de avaliação e revisão técnica (*program evaluation and review technique* – Pert), o método do caminho crítico (*critical path method* – CPM), a corrente crítica, a análise de Monte Carlo, o nivelamento de recursos e os *softwares* para GP.

d. **Gestão de custos** – Abrange os processos necessários para assegurar que o projeto será completado com as metas de custo e o orçamento planejados. Os processos que compõem essa área são: **planejamento de recursos e estimativa, orçamentação e controle dos custos.** Essa gestão consiste basicamente nos custos dos recursos necessários para a implementação das atividades do projeto. Além disso, deve também considerar os efeitos das decisões do projeto no custo do produto.

As principais técnicas e ferramentas são os modelos pa-
ramétricos para estimativa de custos, as estimativas *bot-tom-up* e *top-down*, os critérios dos sistemas de controle custo/programação (*cost/schedule control systems criteria* – C/SCSC), as planilhas computadorizadas e os *softwares* para GP.

e. **Gestão da qualidade** – Contém os processos necessários para assegurarmos a satisfação das necessidades definidas no escopo. Essa área abrange os processos de **planejamento, garantia e controle da qualidade,** consistindo principalmente no cumprimento da ISO 9000, um grupo de normas que engloba o processo de qualidade em projetos. As ferramentas e técnicas aqui utilizadas englobam o *benchmarking*, o diagrama de Ishikawa, o fluxograma de processo, o projeto de experimentos, a ISO 9000, as auditorias de qualidade, os gráficos de controle, o diagrama de Pareto e a amostragem estatística.

f. **Gestão de recursos humanos** – Consiste em otimizar a utilização das pessoas envolvidas no projeto, incluindo clientes, fornecedores e colaboradores individuais. Os principais processos que constituem essa área são: **planejamento organizacional e montagem e desenvolvimento da equipe.** Entre as principais ferramentas e técnicas, temos a teoria organizacional, a matriz de responsabilidades e os sistemas de reconhecimento e recompensa.

g. **Gestão de comunicação** – Contém os processos necessários para assegurarmos a geração, a coleta, a disseminação, o armazenamento e a disponibilização das informações no prazo certo e com acurácia. Deve fornecer ligações críticas entre pessoas, ideias e informações. Essa área deve disponibilizar uma linguagem única ao projeto, garantindo que todos os integrantes entendam as comunicações. Entre os principais processos estão: **planejamento das comunicações, distribuição de informações, relato de desempenho do projeto** e **encerramento formal de fases**. As principais ferramentas e técnicas são os sistemas de PDM e EDM, o *workgroup computing*, a videoconferência e o correio eletrônico.

h. **Gestão de riscos** – Inclui os processos para identificar, analisar e responder pelos riscos do projeto, consistindo na maximização dos resultados dos eventos positivos e na minimização das consequências negativas. Os principais processos são: **identificação e quantificação dos riscos** e **desenvolvimento e controle de respostas a estes**. Entre as principais técnicas e ferramentas estão as listas de verificação, as árvores de decisão estatísticas, o EMV, o plano de contingência, o seguro e os *workarounds* (desvios não planejados).

i. **Gestão de aquisição (compras)** – Inclui os processos para a obtenção de bens e serviços externos necessários à organização executora, discutindo a relação entre comprador e fornecedor do ponto de vista do comprador.

Os principais processos abrangem: **planejamento e preparação de compras, obtenção de propostas, seleção de fornecedores e administração e encerramento de contratos.** Entre as principais técnicas e ferramentas estão a análise *make or buy,* os sistemas de ponderação para seleção de fornecedores e os relatórios de desempenho de fornecedores.

Assim, **gerenciar projetos** significa **gerenciar recursos,** de modo a transformar dinheiro em mais dinheiro, produtos em mais produtos e produtos em dinheiro. Vimos que cada etapa do processo é um conjunto de operações e, com isso, torna-se fundamental a necessidade de diferenciarmos **projetos** de **operações,** como mostra o Quadro 5.1, a seguir.

Quadro 5.1 – Diferenciação entre projetos e operações

Projetos	Operações
» São esforços temporários e únicos.	» São esforços contínuos.
» A equipe planeja e executa o projeto.	» As pessoas desempenham as mesmas tarefas a cada ciclo do processo.
» A equipe enfrenta escopos que podem ser desconhecidos.	» Não exige necessariamente uma equipe multidisciplinar.
» Utiliza equipe multidisciplinar.	» O controle da produtividade é estabelecido em torno de metas de produção.
» Termina com um resultado único e específico.	

Podemos identificar no quadro anterior pontos de projetos e operações que fazem a distinção entre ambos, o que nos oferece uma melhor forma de determinar como proceder operacionalmente.

5.2 Razões de fracassos em projetos

A implementação de uma estrutura de gestão de projetos nem sempre é fácil. São necessárias diversas habilidades e conhecimentos para perfazer todas as áreas do conhecimento da gestão, visando à continuidade e à perpetuidade do produto final do projeto.

As razões pelas quais não se dá continuidade à gestão de projeto podem ser alheias ao negócio ou decorrer de situações diversas. Nesse sentido, veja o resumo que apresentamos no Quadro 5.2, a seguir.

Quadro 5.2 – Possíveis falhas na gestão de projetos

Aspectos para o fracasso na gestão de projetos	
Erro de escopo.	Mudança no escopo.
Dimensionamento de tempo.	Complexidade das atividades.
Estudos de anteprojeto (foco no *feeling*).	Falta de comprometimento.
Planejamento do projeto.	Precariedade da metodologia de gestão de projetos.
Problemas nas dimensões cultural, social e política.	Falta de recursos.
Habilidades técnicas insuficientes.	Estudos de viabilidade incorretos.
Riscos não gerenciados.	Alteração de prioridades.
Comprometimento da alta administração.	Problemas de relacionamento.
Cultura da empresa.	Problemas com fornecedores.

Nos itens a seguir, especificamos alguns desses problemas.

5.2.1 Definição errônea do escopo do projeto

Apesar de o escopo e ter relação com o esclarecimento dos objetivos do projeto, dos resultados esperados, bem como uma breve descrição do trabalho que deverá ser realizado pela equipe de gestão de projetos, por vezes esse processo é realizado sem a devida atenção e condução necessária.

Tal etapa é realizada no início, sendo posteriormente detalhada com maior profundidade por uma pessoa, um departamento ou mesmo pela organização. É nesse momento que diversos assuntos são tratados, principalmente em relação aos aspectos financeiros, como custos e investimentos.

Algumas ocorrências que podem derivar da definição errônea do escopo do projeto são:

» falta de entendimento básico de como criar o produto especificado;

» falta de validações do escopo durante o projeto;

» falhas na declaração do escopo do projeto;

» mudanças no projeto sem as necessárias atualizações na declaração do escopo do projeto, gerando falhas na documentação, nos controles e nas análises posteriores;

» detalhamento das entradas de dados no ambiente de projeto que podem alterar ações a serem realizadas posteriormente;

» erros nos sistemas de controles de mudanças;

» erro de análise das variações do projeto;

» falha no replanejamento;

A definição do escopo precisa ser realizada com todo o cuidado possível e mantida atualizada , pois nela estarão registradas as ocorrências e alterações do projeto.

5.2.2 Curto dimensionamento do tempo e complexidade das atividades

Em um momento no qual todas as prioridades consistem em trabalhar arduamente para concretizar o projeto, muitas equipes acabam por superestimar a capacidade de entrega e dos resultados a serem obtidos, prejudicando assim todo o processo final, pois o processo de refação aumenta os prazos e os custos.

A complexidade do projeto deve ser detalhada tarefa por tarefa, para que não ocorram problemas com superestimação ou subestimação. Além disso, são necessárias informações de alta qualidade e pessoas com *know-how*.

5.2.3 Não realização dos estudos de anteprojeto (foco no *feeling*)

Estudos preliminares são essenciais para que o trabalho a ser desenvolvido não tenha como base somente percepções e aspirações dos solicitantes dos projetos (gerentes de áreas, diretores e até mesmo a organização).

A não elaboração de um anteprojeto pode acarretar erros e custos desnecessários ao projeto, visto que diversos fatores podem ser incontroláveis e delimitadores (gargalos) no tempo de execução.

Focar o projeto somente no empirismo aumenta os riscos de incoerências nas execuções, erros de processos e contradições de planejamento, pois a falta de dados e informações podem resultar em um processo mais longo do que o planejado.

O trabalho focado no feeling permite a execução de atividades baseadas nas experiências dos envolvidos no processo; todavia, cada projeto tem particularidades que necessitam de atenção, planejamento, controle e execução adequados.

5.2.4 Pouco ou nenhum tempo para planejamento do projeto

A fase de planejamento é um dos pontos cruciais do projeto. É nesse momento que ocorre a mensuração real das atividades e a interação dos envolvidos globalmente no projeto.

A falta de tempo para a execução do planejamento tende a afetar toda a composição do projeto, do início à finalização. Potencialmente, o planejamento é associado a diversas áreas da estrutura do projeto ou vinculado a uma área ou processo, como denota-se no PMBOK (2004, p. 124):

> Em alguns projetos, especialmente nos de menor escopo, o sequenciamento de atividades, a estimativa de recursos da atividade, a estimativa de duração da atividade e o desenvolvimento do cronograma estão tão estreitamente ligados que são considerados um único processo, que pode ser realizado por uma pessoa durante um período de tempo relativamente curto.

Assim como podem ocorrer erros de custos, prazos e execução do projeto, também há a possibilidade de inserção de recursos humanos em quantidade maior que a necessária ou com alocação equivocada.

5.2.5 Problemas nas dimensões cultural, social e política

Na organização, temos diversas dimensões que convergem para um mesmo objetivo, mas elas nem sempre estão em consonância com o desenvolvimento dos projetos ou com as concepções dos envolvidos no processo de desenvolvimento de produtos ou serviços.

Tais dimensões podem ser:

a. **Dimensão cultural** – O desafio para a equipe de projetos consiste em se adaptar ao perfil organizacional e compreender sua diversidade, esclarecendo os propósitos institucionais em detrimento do longo caminho a ser percorrido até a concretização dos resultados.

b. **Dimensão social** – Os desafios ocorrem nas relações humanas estabelecidas antes do pré-projeto ou da concepção da ideia inicial (anteprojeto). Aqui, objetiva-se a promoção do diálogo e de relações que propiciem a convivência organizacional de forma pacífica, democrática e visando aos resultados.

c. **Dimensão política** – É a construção do relacionamento e a disputa de interesses entre todas as áreas da empresa e todos os envolvidos. Essa dimensão estabelece-se desde o pré-projeto até a finalização, visto que a disputa entre forças de poder pode ocasionar alterações no escopo e na execução do projeto.

Dito isso, passamos a tratar, a partir do próximo tópico, dos chamados *processos de projetos*.

5.3 Processos de projetos

O **gerenciamento de projetos** trata diretamente de etapas, atividades, fluxos e vicissitudes globais inerentes aos processos. Leite (2007, p. 25) define esses termos da seguinte maneira:

Etapa – cada uma das fases em que pode ser dividido o desenvolvimento de uma obra: o programa em nosso contexto.

Atividade – qualquer ação ou trabalho específico: o que cada unidade organizacional faz para contribuir com o projeto em nosso contexto.

Fluxo – sequência ou vicissitudes de acontecimentos.

Vicissitudes – mudança ou variação de coisas que se sucedem.

Todas as fases do projeto têm suas entradas (*inputs*) e saídas (*outputs*) de dados, informações e/ou produtos. Em um primeiro momento, temos a **coleta de informações** de produtos ou serviços "crus", ou seja, é como se tivéssemos em nossas mãos um diamante em formação, que precisa ser limpo, lapidado e polido. Posteriormente, temos as **saídas**, que são os documentos relativos à incorporação de todas as informações recebidas no momento da entrada no processo; ou seja, no momento inicial de determinada fase foram recebidos dados, os quais se tornaram informações e, no momento das saídas, temos os relatórios com tais informações daquela fase. Veja o exemplo da Figura 5.2, a seguir.

Figura 5.2 – Processo de projetos – PMBOK-PMI (*Project Management Institute*)

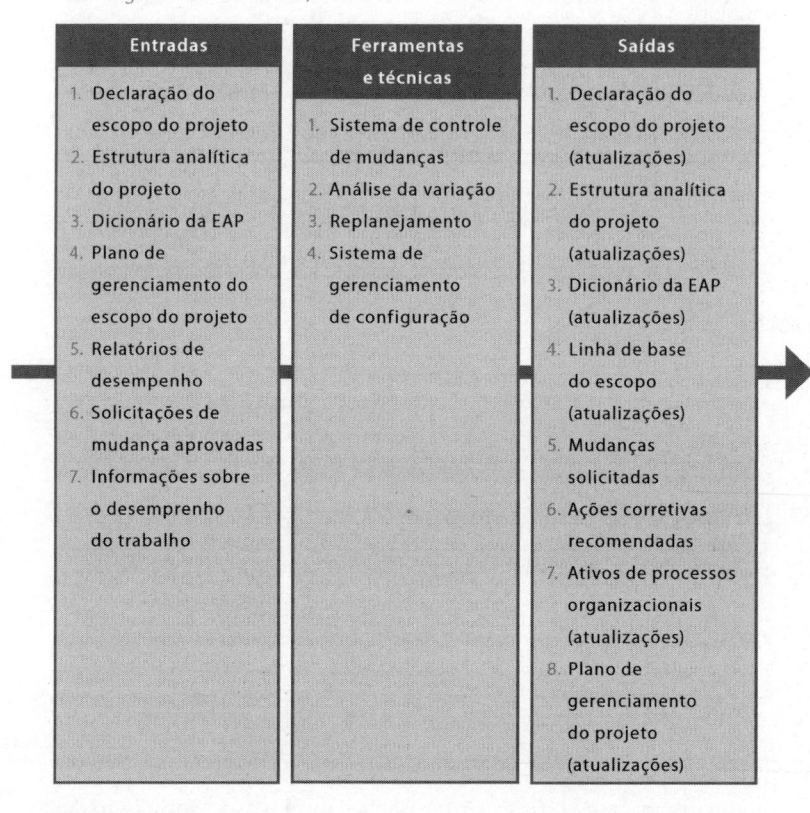

Entradas	Ferramentas e técnicas	Saídas
1. Declaração do escopo do projeto	1. Sistema de controle de mudanças	1. Declaração do escopo do projeto (atualizações)
2. Estrutura analítica do projeto	2. Análise da variação	2. Estrutura analítica do projeto (atualizações)
3. Dicionário da EAP	3. Replanejamento	3. Dicionário da EAP (atualizações)
4. Plano de gerenciamento do escopo do projeto	4. Sistema de gerenciamento de configuração	4. Linha de base do escopo (atualizações)
5. Relatórios de desempenho		5. Mudanças solicitadas
6. Solicitações de mudança aprovadas		6. Ações corretivas recomendadas
7. Informações sobre o desemprenho do trabalho		7. Ativos de processos organizacionais (atualizações)
		8. Plano de gerenciamento do projeto (atualizações)

Fonte: Adaptado de PMI, 2004, p. 120.

Também é possível estipularmos todo o processo do planejamento e do projeto em **formato contínuo**, de forma que tenhamos uma visão holística. A Figura 5.3, a seguir, exemplifica tal situação.

Figura 5.3 – Fluxograma de processo do gerenciamento de tempo do projeto

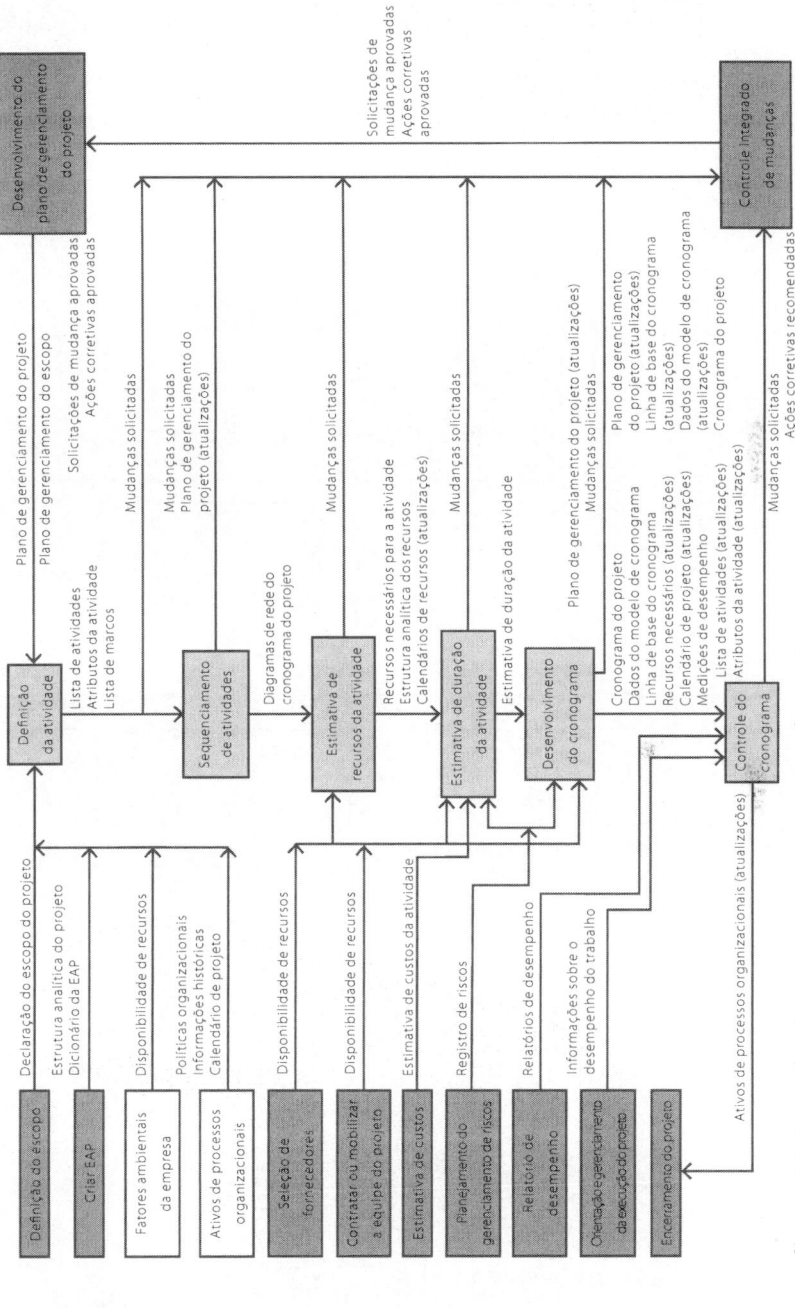

Fonte: Adaptado de PMI, 2004, p. 126.

Também podemos resumir todo o processo de planejamento em formato contínuo em um fluxograma de ações, no qual são inseridas as principais partes do projeto para estipulação de processos de decisão e responsabilidade, conforme mostra a Figura 5.4.

Figura 5.4 – Exemplo de fluxograma de processo

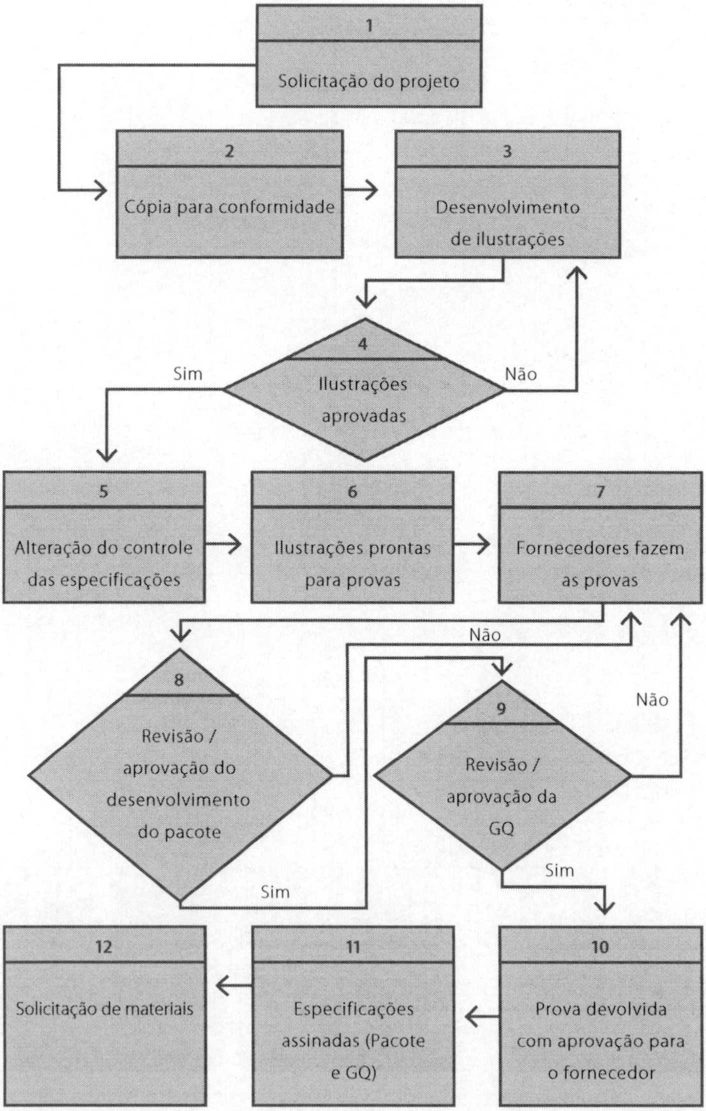

Fonte: Adaptado de PMI, 2004, p. 194.

Assim, independentemente de como ocorre a organização da empresa, todas elas têm uma sistemática de gerenciamento e processos própria. Porém, por diversas vezes, toda a metodologia de projetos se encontra no conhecimento de alguns poucos funcionários, os quais detêm todo o conhecimento técnico, embora certas aplicações práticas sejam de conhecimento geral, por exemplo, atividades urgentes que precisam ser resolvidas, como se a equipe fosse uma "brigada contra incêndios".

Também é necessário compreendermos a complexidade das atividades dos processos, as quais contêm um grande número de variáveis a serem controladas. É notório que, quanto maior for a quantidade de variáveis a serem controladas, mais necessários serão os controles específicos e as aplicações tecnológicas para auxiliar nesse processo.

Figura 5.5 – Características que definem o grau de dificuldade e de risco do projeto

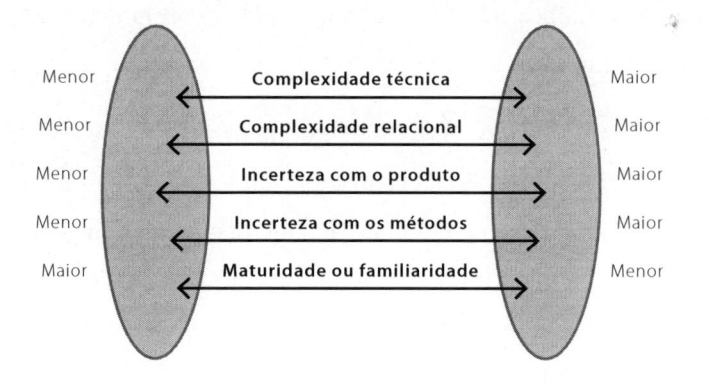

Menor	Complexidade técnica	Maior
Menor	Complexidade relacional	Maior
Menor	Incerteza com o produto	Maior
Menor	Incerteza com os métodos	Maior
Maior	Maturidade ou familiaridade	Menor

Fonte: Adaptado de Maximiano, 2010, p. 9.

É possível percebermos na Figura 5.5 que a existência de múltiplas variáveis pode acarretar maior delonga no projeto, ocasionando atrasos de implantação e, possivelmente, onerações financeiras.

5.3.1 Ciclo de vida dos processos

Todos os processos de um projeto têm início, meio e fim, com seus próprios resultados e interações durante sua "vida". O PMBOK assim define o ciclo de vida de um projeto:

O ciclo de vida do projeto define as fases que conectam o início de um projeto ao seu final. Por exemplo, quando uma organização identifica uma oportunidade que deseja aproveitar, em geral irá autorizar um estudo de viabilidade para decidir se deve realizar o projeto. A definição do ciclo de vida do projeto pode ajudar o gerente de projetos a esclarecer se deve tratar o estudo de viabilidade como a primeira fase do projeto ou como um projeto autônomo separado. Quando o resultado desse esforço preliminar não é claramente iden-tificável, é melhor tratar esses esforços como um projeto separado. (PMI, 2004, p. 19)

Considerando as fases iniciais, intermediárias e finais, é possível estabelecermos cinco momentos do ciclo de vida de um projeto:

1. **Inspiração** – É o momento da descoberta ou do surgimento da ideia central do produto. Essa inspiração pode surgir de formas e em momentos variados, como em uma caminhada em um parque, em uma conversa com amigos, em uma feira ou durante a resolução de um problema.

2. **Concepção** – A inspiração da ideia e do conceito é concebida mentalmente para que, então, seja esboçada no projeto.

3. **Desenho ou projeto do produto** – As concepções anteriores se transformam efetivamente em algo palpável (desenho, protótipo ou maquete).
4. **Desenvolvimento** – Elaboração do produto.
5. **Entrega** – Etapa final do projeto, na qual o cliente recebe o produto.

A Figura 5.6 na sequência mostra a inter-relação de todas as fases que descrevemos anteriormente, pois, segundo o PMBOK:

Os grupos de processos de gerenciamento de projetos estão ligados pelos objetivos que produzem. Em geral, as saídas de um processo se tornam entradas para outro processo ou são entregas do projeto.

O Grupo de processos de planejamento fornece ao Grupo de processos de execução um plano de gerenciamento do projeto e uma declaração do escopo do projeto documentados, e frequentemente atualiza o plano de gerenciamento do projeto conforme o projeto se desenvolve. Além disso, os grupos de processos raramente são eventos distintos ou únicos; eles são atividades sobrepostas que ocorrem em diversos níveis de intensidade durante todo o projeto. A Figura ilustra como os grupos de processos interagem e o nível de sobreposição em momentos diferentes dentro de um projeto. Se o projeto estiver dividido em fases, os grupos de processos irão interagir dentro de uma fase do projeto e também poderão atravessar várias fases do projeto. (PMI, 2004, p. 39)

Figura 5.6 – Nível típico de custos e de pessoal do projeto ao longo do ciclo de vida – PMBOK

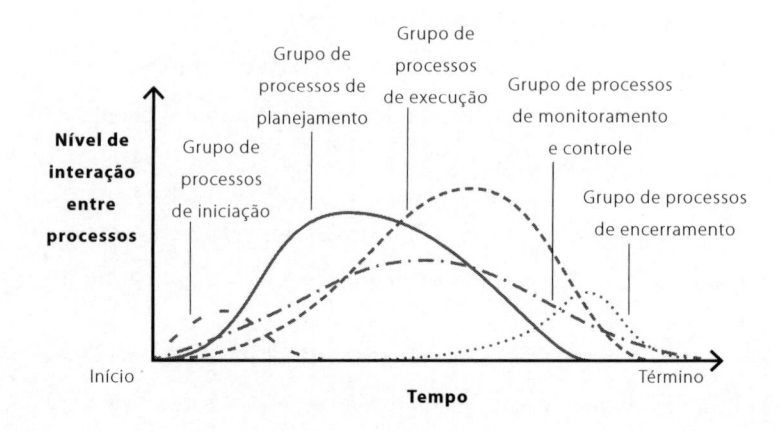

Fonte: Adaptado de PMI, 2004, p. 68.

Neste ponto, passamos a tratar das chamadas *interações e interdependências*.

5.3.2 Interações e interdependências

Para Tapscott e Williams (2011, p. 25), "As organizações podem ser bem-sucedidas e até prosperar nesse ambiente, adotando cinco princípios da *wikinomics*"[4] [grifo nosso]. Podemos inserir tais princípios nos moldes dos projetos, sendo eles: **colaboração, abertura, compartilhamento, integridade** e **interdependência**.

---

4 Segundo Tapscott e Williams (2011, p. 7), *wikinomics* é "a arte e a ciência da colaboração em massa nas empresas" por meio de redes sociais que se convertem em novos modelos de produção social, alterando a maneira como são realizados os projetos, fabricados os produtos e também como é desenvolvido o processo de comercialização desses produtos e serviços.

As organizações são formadas por pessoas, bem como por suas estruturas políticas – ou seja, de poder –, as quais definem os papéis de cada colaborador e suas influências em relação a seus subordinados, seus pares e seus superiores. Todavia, com a intensiva globalização, tornam-se cada vez mais estreitas as relações de poder, sendo ajustadas de forma quase espontânea e imediata, além de aprofundar os limites da interdependência.

Tapscott e Williams (2011), em uma entrevista com Eric Schmidt, demonstram que a **colaboração** não ocorre somente por colegas que trabalham em um mesmo ambiente, mas sim em quaisquer agrupamentos de pessoas que, por uma mesma causa, se coordenam e se capacitam para inovar, criar bens e serviços e resolver problemas. Nesse aspecto, as redes sociais apresentam uma grande responsabilidade positiva, auxiliando no processo de produção social e profissional.

Como escrevem os autores:

> *As empresas que aprendem a participar dessas redes são capazes de acessar maior diversidade de pensamento e talento do que jamais seriam capazes de arregimentar internamente. Como efeito, Schmidt argumenta que a inovação colaborativa é hoje função essencial, tão importante quanto orçamentação, P&D e planejamento.* (Tapscott; Williams, 2011, p. 26)

Dessa forma, podemos entender que o processo de inovação pode ser desenvolvido tanto pelas práticas formais de pesquisa e inovação como pelo estabelecimento de processos de colaboração, seja no ambiente da empresa, seja pelas redes sociais estabelecidas pelo mercado, seja por outros processos de colaboração.

Abertura

O processo de abertura engloba transparência, lucidez, flexibilização e acesso. Embora as empresas, em sua maioria, ainda não estejam preparadas para abrir suas informações, por vezes, é possível notar a existência do conhecimento de informações estratégicas por meio de funcionários, pois estes também têm possibilidades de realizar pesquisas globais e econômicas, podendo se tornar estratégicos mesmo exercendo uma função operacional.

Com a nova era de abertura digital que vivenciamos atualmente, as empresas se veem com a necessidade de ajustar seus processos e contar com seus colaboradores para ter uma melhor aplicação dos novos processos de trabalho e novos projetos. Com isso, há também a possibilidade de que usuários e/ou consumidores assíduos da marca, chamados *heavy users*, colaborem para o desempenho dos produtos ou serviços prestados pela organização.

Assim, no ambiente de gerenciamento de projetos, é necessário apresentar transparência nas informações para que todos estejam em uma mesma linha basal de conhecimento e sejam capazes de interagir no mesmo formato metodológico.

Compartilhamento

É evidente que as empresas precisam guardar e controlar o acesso a informações estratégicas, mas, em um ambiente de projetos, temos a necessidade de estabelecer cenários para o desenvolvimento de produtos. Nesse sentido, é preciso que aconteça o compartilhamento das informações com todos os envolvidos no projeto e, até mesmo, com outras áreas correlatas, que estejam, de alguma maneira, vinculadas a ele.

O **compartilhamento de informações** no projeto é de vital importância para o aprimoramento dos processos e do planejamento em todas as etapas. Quanto mais pessoas entenderem as relações de interação das informações e das ações da empresa, menos riscos não mensurados haverá para sanar, caso ocorram erros.

A definição de Tapscott e Williams (2011, p. 28) deixa clara essa questão:

> *Se abertura tem a ver com divulgação de informações pertinentes aos stakeholders das empresas, dos governos e de outras organizações, o compartilhamento diz respeito à liberação ou à disponibilidade de ativos, transferindo-os para a categoria de "bens comuns" (the commons), para que outros os usem, ou compartilhando-os com usuários interessados, com base em acordos que podem gerar receitas de licenciamentos.*

Portanto, o compartilhamento de informações é fundamental para o aprimoramento no desenvolvimento do produto. Sem esse compartilhamento, o setor é prejudicado, pois não se permite a formação de um ambiente de projetos, criando obstáculos para o desenvolvimento destes.

Integridade

Todas as informações devem ser fidedignas, ou seja, verdadeiras, sem distorções ou manipulações. Isso é essencial para a excelência no desenvolvimento de projetos de produtos.

Informações erradas podem causar até a falência de uma empresa centenária. Atualmente, temos mais pessoas com base teórica e desenvolvimento prático do que há 50 anos, razão por que as origens dos dados devem ser transparentes.

Imagine se um hospital que presta atendimento de emergência e tem a possibilidade de realizar atendimentos de alta complexidade não for capaz de cruzar as informações do prontuário de cada paciente. Muitos deles estariam em risco de vida e outros faleceriam por consequência dessa falta de informações. Vemos aqui a importância dos prontuários eletrônicos, tanto para os médicos, que tomam decisões sobre os melhores tratamentos para o paciente, como para os próprios pacientes, que têm o direito de tê-los como documentos.

Para Tapscott e Williams (2011), há três valores que, como a transparência, são fundamentais: honestidade, consideração e responsabilidade.

Interdependência

Em todos os ambientes, principalmente nos de gestão de projetos, há interdependência de todas as áreas e de todas informações. Como relatamos anteriormente, os dados são colhidos e transformados em informações; estas são encaminhadas para outras áreas, departamentos, seções ou pessoas, para que sejam reprocessadas, a fim de estabelecer novos dados para a tomada de decisão e a conquista dos objetivos traçados.

Imagine a criação de um carro por partes: é muito interessante pensarmos que cada peça é importante, mas é o conjunto de todas elas que faz com que o veículo exista e tenha uma utilidade.

Assim, cada parte serve de engrenagem necessária e vital para o bom e adequado funcionamento das ações estabelecidas em planejamentos anteriores.

A interdependência aumenta à medida que crescem as ramificações no modo de se organizar dentro da empresa, de diferentes formas e em diversos níveis hierárquicos. Além disso, com a **integração virtual**, a independência se tornou obsoleta em relação ao desenvolvimento de produtos.

Então, quanto mais tempo perdurarem as práticas de condutas desviantes na governança corporativa para o desenvolvimento tanto da empresa quanto de seus produtos, maiores serão as ameaças para que sua história chegue ao fim.

5.3.3 Riscos

Atualmente, a sobrevivência de qualquer empreendimento está intimamente vinculada à ideia de aproveitar uma oportunidade em um espectro de incertezas. O que torna a gestão dos riscos tão importante são fatores diversos, como o aumento da competitividade, o avanço tecnológico e as condições econômicas, que fazem com que os riscos assumam proporções muitas vezes incontroláveis.

Os objetivos do **gerenciamento de riscos** de um projeto consistem em aumentar a probabilidade e o impacto dos eventos positivos e reduzir a probabilidade e o impacto dos eventos adversos ao projeto. O PMBOK (PMI, 2004) subdivide o gerenciamento de riscos em seis processos:

1. Planejamento do gerenciamento de riscos.
2. Identificação de riscos.
3. Análise qualitativa de riscos.
4. Análise quantitativa de riscos.
5. Planejamento de respostas a riscos.
6. Monitoramento e controle de riscos.

Cabe ressaltar que o risco faz parte do desenvolvimento de novos projetos – seja relacionado a aspectos técnicos, seja a aspectos mercadológicos –, cabendo à empresa o estabelecimento de diretrizes de planejamento e gerenciamento de riscos para que eles sejam, se não evitados, ao menos minimizados e mensurados, trabalhando, assim, com riscos calculados.

Planejamento do gerenciamento de riscos

Esse processo envolve a decisão de como abordar, planejar e executar as atividades de gerenciamento de riscos de um projeto.

Saídas (*outputs*):

» Metodologia.

» Funções e responsabilidades.

» Orçamentação.

» Tempos.

» Categorias de risco.

» Definições de probabilidade e impactos de riscos.

» Matriz de probabilidade e impacto.

» Revisão das tolerâncias das partes interessadas.

» Formatos de relatório.

» Acompanhamento.

O estabelecimento de um planejamento de gerenciamento de riscos faz-se necessário não somente para a eliminação ou a redução dos riscos, mas também para a geração de cenários e informações que podem ser úteis em novos processos de desenvolvimento. Para novos produtos, a empresa terá nas informações do planejamento de risco aspectos mercadológicos e técnicos úteis para o estabelecimento de novos planos de ação.

Identificação de riscos

É a determinação dos riscos que podem afetar o projeto e o registro de suas características.

Saídas (*outputs*):

»   Lista de riscos identificados.

»   Lista de respostas possíveis.

»   Causa-raiz do risco.

»   Categorias de risco atualizadas.

A identificação de riscos é fundamental para o desenvolvimento de projetos, pois envolve aspectos de custo (quanto maiores os riscos, maiores os custos envolvidos), de projeto, levando à necessidade constante de inovação tecnológica, e mercadológicos, que demonstram os focos de atenção para as possíveis mudanças de ambiente.

Análise qualitativa de riscos

A análise qualitativa de riscos avalia a prioridade dos riscos identificados, usando a probabilidade de eles ocorrerem, o impacto correspondente nos objetivos do projeto se os riscos vierem a ocorrer, além de outros fatores, como o prazo e a tolerância a riscos das restrições de custo, cronograma, escopo e qualidade do projeto.

Saídas (*outputs*):

» Classificação relativa ou lista de prioridades dos riscos do projeto.

» Riscos agrupados por categoria.

» Lista de riscos que exigem resposta no curto prazo.

» Lista de riscos para análise e respostas adicionais.

» Lista de observação de risco de baixa prioridade.

» Tendências dos resultados da análise qualitativa de riscos.

A análise qualitativa é importante para identificar os riscos que terão prioridade como objeto de análise ou ação adicional. Essa análise é fundamental para o estabelecimento do plano de resposta aos riscos baseado na adequada priorização referente à ocorrência e ao impacto.

Análise quantitativa de riscos

A análise quantitativa de riscos é realizada nos riscos que foram priorizados na análise qualitativa, por afetarem potencial e significativamente as demandas conflitantes do projeto. Nessa análise, é avaliado o efeito desses eventos de risco e atribuído a eles uma classificação numérica. Ela também apresenta uma abordagem quantitativa para a tomada de decisões na presença de incertezas.

Saídas (*outputs*):

» Análise probabilística do projeto.

» Probabilidade de realização dos objetivos de custo e tempo.

» Lista priorizada de riscos quantificados.

» Tendências dos resultados da análise quantitativa de riscos.

O processo de análise quantitativa de risco avalia numericamente a probabilidade de cada risco e de sua respectiva consequência nos objetivos do projeto, assim como a extensão do risco geral do projeto. A análise quantitativa está ligada à análise qualitativa, pois depende da identificação inicial dos riscos envolvidos no projeto, embora possa ser aplicada separadamente em virtude das questões de tempo e orçamento.

Planejamento de respostas a riscos

É o processo de desenvolver opções e determinar ações para aumentar as oportunidades e reduzir as ameaças aos objetivos do projeto.

Saídas (*outputs*):

» Registro de riscos (atualizações).

» Plano de gerenciamento do projeto (atualizações).

» Acordos contratuais relacionados a riscos.

O plano de resposta ao risco pode ser definido como o processo de desenvolvimento de opções e a determinação das ações para melhorar oportunidades e reduzir ameaças aos objetivos do projeto. Ele inclui a identificação e a designação de indivíduos ou partes, com a responsabilidade para cada acordo de resposta ao risco. Esse processo assegura que riscos identificados pelas análises qualitativa e quantitativa sejam devidamente endereçados para os responsáveis.

Monitoramento e controle de riscos

Essa fase consiste no acompanhamento dos riscos identificados, no monitoramento dos riscos residuais, na identificação dos novos riscos, na execução de planos de respostas a riscos e na avaliação de sua eficácia durante todo o ciclo de vida do projeto. Saídas (*outputs*):

» Registro de riscos (atualizações).
» Mudanças solicitadas.
» Ações corretivas recomendadas.
» Ações preventivas recomendadas.
» Ativos de processos organizacionais (atualizações).
» Plano de gerenciamento do projeto (atualizações).

Esses processos se integram tanto entre si quanto com processos de outras áreas do conhecimento. Com isso, para ser bem-sucedida, uma empresa deve estar comprometida com uma abordagem de gerenciamento de riscos proativa e consistente durante todo o projeto.

5.4 Melhora no desempenho de projetos

Conforme vimos no início deste capítulo, devemos considerar a possibilidade de existirem diversos problemas relacionados ao desenvolvimento dos projetos, mas existem pontos cruciais que são **oportunidades de inovação reversa** para estes mesmos projetos. Segundo Govindarajan e Trimble (2012), o processo de inovação tem cinco caminhos para sua inversão: **desempenho, infraestrutura, sustentabilidade, preferências**

e **regulamentação.** Tais processos estão inseridos de diversas
formas no PMBOK (PMI, 2004), caso você tenha necessidade
de consulta; porém, apresentaremos a seguir os problemas de
cada caminho da inovação e suas resoluções.

5.4.1 Desempenho

O desempenho é um conjunto de características de rendimento
de um indivíduo, uma organização ou uma ação, com uma finalidade específica. Há a possibilidade de o desempenho ser **positivo**
ou **negativo**, pois ele dependerá efetivamente da capacidade de
assertividade e da concretização dos objetivos.

Um dos problemas comuns do desempenho em projetos está
relacionado à **falta de planejamento**, por exemplo. Muitas empresas tendem a realizar seus planejamentos uma vez ao ano e,
depois que o concluem formalmente e no papel, guardam-no
em uma gaveta e não o colocam em prática. Infelizmente, vemos
muitos problemas na gestão de projetos, uma vez que não somente o planejamento é essencial, mas também as peças-chave
do desenvolvimento de todo o processo necessitam de controle
e avaliação por indicadores – e, nesse caso, a peça-chave é o
colaborador envolvido no processo.

Para que não tenhamos problemas nesse item, devemos
estabelecer metas plausíveis e objetivos exequíveis nos projetos.
Também são importantes a parametrização e a padronização
para a melhoria do desempenho e a redução de custos dos processos. Para alcançar esses objetivos, é importante a utilização
da tecnologia para melhoria constante dos processos.

5.4.2 Infraestrutura

Grandes empresas contam com uma ampla infraestrutura instalada, mas a maioria, quanto ao porte, são micro ou pequenas empresas, que precisam trabalhar com uma infraestrutura mais debilitada. A infraestrutura altamente desenvolvida – com a produção automatizada, centros de distribuição e armazenagem, suporte técnico qualificado e *full-time* – prevalece nas grandes corporações; já a maioria das micro e pequenas empresas apresenta processos mais rústicos de produção e desenvolvimento de produtos. Vemos aí uma discrepância de acessibilidade estrutural entre elas.

Uma opção para os gestores de projetos de produtos consiste em entender as necessidades e desenvolver soluções com menor investimento, utilizando-se da criatividade e da inovação. Evidentemente, com parcerias estratégicas, é possível até, por exemplo, criar um aglomerado de empresas para compras em maiores quantidades, com o objetivo de ter mais poder de negociação, armazenagem, entrega e distribuição.

5.4.3 Sustentabilidade

Essa é uma questão atual e muito discutida. A sustentabilidade de determinado projeto se dá com seu desenvolvimento contínuo e cíclico, até sua finalização. Nesse cenário, a competitividade do mercado apresenta alguns desafios a serem superados, como a uniformidade e a padronização das funções entre a equipe de trabalho para garantir a sustentabilidade do projeto.

Para que haja um preenchimento correto e assertivo, é de vital importância gerenciar e, por vezes, aumentar a pressão sobre os colaboradores para que o ritmo de entregas de resultados não diminua. Um projeto se torna sustentável quando é devidamente elaborado, desenvolvido e entregue conforme as especificações técnicas solicitadas.

5.4.4 Preferências

O fator subjetivo nos cinco caminhos da inovação em projetos são as chamadas *preferências*. Trata-se de uma questão dos gostos e dos instintos atribuídos a cada indivíduo, podendo ser entendida como o conjunto de *memes*[5] instalados em seu subconsciente, os quais definem seu comportamento e suas interações. Conforme surge essa defasagem substancial, maior é a probabilidade de surgirem problemas que ainda não foram resolvidos.

Nesse caso, é necessário mudar a mentalidade e o foco norteador das ações, para que sejam realizados ajustes nos projetos, com o intuito de mantê-los vivos e em condições de serem finalizados.

5.4.5 Regulamentação

Segundo Govindarajan e Trimble (2012, p. 17), "a legislação é uma faca de dois gumes. Um novo regulamento quase sempre surge na ocorrência de uma fatalidade ou de um mau comportamento em algum mercado que, em retrospecto, foi considerado demasiadamente livre".

As regulamentações tanto podem constituir **barreiras** como **oportunidades**, visto que, na primeira situação, tornam-se empecilhos para o cumprimento efetivo dos objetivos e, na segunda,

---

5 *Meme* é um termo que significa "processo de imitação".

uma possibilidade de desenvolver novos métodos ou aperfeiçoar os antigos.

As regulamentações tendem a sempre evoluir, mas, para isso, são necessários investimentos e paciência.

Síntese

Neste capítulo, abordamos os principais aspectos da gestão de projetos para o desenvolvimento de produtos por meio de conceitos mundialmente reconhecidos, como as premissas do *Project Management Body of Knowledge* (PMBOK) e do *Project Management Institute* (PMI) – por exemplo, o processo de gerenciamento de projetos, as diversas dimensões de planejamento, execução e controle de projetos e o ciclo de vida dos processos operacionais. Aqui, nosso principal objetivo foi trazer o conhecimento do escopo de projetos para o desenvolvimento de produtos.

Questões para revisão

1. Se você fosse o gestor de projetos para desenvolvimento de um novo produto, como explicaria para sua equipe a diferença entre *projetos* e *operações*?

2. Em seu ponto de vista, após a leitura deste capítulo, como você explica o fato de as regulamentações poderem ser tanto barreiras quanto oportunidades?

3. As necessidades de controles específicos e aplicações tecnológicas para auxílio nos processos dos projetos tornam a complexidade de execução cada vez maior. Porém, determinadas ações podem reduzir essa complexidade e tornar as

atividades mais fáceis na execução. Levando isso em consideração, relacione a coluna da esquerda com a da direita.

A. Complexidade técnica

B. Complexidade relacional

C. Incerteza com o produto

D. Incertezas com os métodos

E. Maturidade ou familiaridade

( ) Na equipe de trabalho, percebe-se um jogo de poder para obter reconhecimento.

( ) Um de seus colaboradores acredita ser capaz de melhorar os processos de trabalho utilizando novas técnicas que aprendeu em cursos externos.

( ) A equipe precisa aprofundar os estudos sobre determinado item do produto para obter maior profundidade na produção.

( ) O produto final pode necessitar de ajustes em virtude de mudanças de fornecedores.

( ) O novo colaborador, ao iniciar suas atividades, já é capaz de desenvolver todo o processo de trabalho em razão de sua experiência anterior.

Agora, assinale a alternativa com a sequência correta de preenchimento:

a. C, D, E, A, B.

b. B, C, A, E, D.

c. B, A, C, D, E.

d. E, A, C, D, B.

4. A gerência de projetos consiste na aplicação de conhecimentos, habilidades, ferramentas e técnicas para projetar atividades, de maneira a satisfazer ou extrapolar as necessidades e as expectativas dos *stakeholders*. Tendo em vista esse conceito, quais são as tipologias de demandas que possibilitam a satisfação ou a extrapolação das necessidades?

   a. Escopo, metodologia, custo e recursos humanos.

   b. Tempo, custo, *stakeholders* com necessidades e expectativas diferenciadas e requisitos identificados.

   c. Tempo, recursos materiais, qualidade e requisitos não identificados.

   d. Qualidade, *shareholders*, WBS e expectativas diferenciadas.

5. Considere o conceito de gerência de projetos que mencionamos na questão anterior. Com isso, temos que a satisfação ou a extrapolação das necessidades são processos que envolvem um balanceamento entre as várias demandas concorrentes em relação, entre outros, aos seguintes critérios:

   a. Escopo, tempo, custo e qualidade.

   b. Produto, preço, praça e promoção.

   c. Planejamento, organização, direção e controle.

   d. Forças, fraquezas, oportunidades e ameaças.

Questões para reflexão

1. O gerenciamento de projetos está ligado à gestão das expectativas da entrega de um novo produto, processo ou serviço. Dessa forma, como administrar a expectativa dos *stakeholders*, observando o impacto das condições do

ambiente (questões econômicas, sociais, demográficas etc.) sobre a gestão dos projetos?

2. No processo de gestão de projetos, temos a fase de identificação de riscos envolvidos, que nos leva a uma análise quantitativa e qualitativa desses riscos e à configuração de possíveis respostas aos riscos identificados. Por que muitos projetos são abandonados ou cancelados em razão dos riscos envolvidos, se existe todo um cuidado com a identificação e a análise desses riscos?

Perguntas e respostas

1. O que são entradas e saídas em um projeto?

   Resposta: Em todos os projetos e em todas as fases que compõem cada projeto existem tanto entradas, que chamamos de *inputs*, quanto saídas, que chamamos de *outputs*. Nas duas situações temos tanto dados quanto informações e/ou produtos finais em suas consolidações. Em um primeiro momento, temos a coleta de informações, ou seja, ainda não temos condições de tomar as decisões. Somente após o processo de análise e cruzamento de dados temos as saídas, que são os documentos relativos à incorporação de todas as informações recebidas no momento da entrada no processo.

2. Por que é importante sempre termos a avaliação dos riscos em um projeto?

   Resposta: Imagine que, ao final da confecção física de um produto ou na entrega de um serviço, você percebe que parte do que foi feito e entregue está fora de conformidade. Então, todo o projeto fora dos padrões determinados e acordados é devolvido para correções e ajustes, podendo até mesmo ter que ser refeito. Caso a equipe de projetos já tenha levantado todos os riscos inerentes à execução e à finalização do projeto – como atrasos na execução do serviço, falha nos ajustes de maquinário para confecção do produto, aumento dos custos da matéria-prima, variação cambial etc. –, este terá menos impacto e, assim, menos revisões serão necessárias. Devemos nos lembrar também que o tempo de execução do projeto igualmente tem seu custo financeiro.

Consultando a legislação

A Lei n. 8.666/1993, Lei das Licitações, busca orientar a política de compras e aquisições de bens e serviços da administração direta e indireta do Estado. Para gestores de projetos que atuam com fornecimento de produtos e serviços para o governo, é importante que o planejamento do projeto contemple a observância dessa lei, a fim de que o processo não seja considerado ilegal. Cabe, então, compreendermos o processo licitatório e as possíveis configurações da lei, como a dispensa de licitação, para a correta formatação do projeto.

BRASIL. Lei n. 8.666, de 21 de junho de 1993. **Diário Oficial da União**, Poder Legislativo, Brasília, DF, 22 jun. 1993. Disponível em: <http://www.planalto.gov.br/ccivil_03/leis/L8666cons.htm>. Acesso em: 5 jan. 2017.

capítulo 6

o pensamento econômico da inovação

Conteúdos do capítulo:

» Papel e importância da inovação na economia.

» Políticas governamentais de inovação.

» Inovação nas micro e pequenas empresas.

Após o estudo deste capítulo, você será capaz de:

1. compreender a importância da inovação tecnológica para a economia;

2. identificar a evolução das políticas governamentais de inovação;

3. determinar o papel da inovação para as micro e pequenas empresas.

Joseph Alois Schumpeter (1883-1950) foi um economista tcheco que analisou o papel da tecnologia no processo de desenvolvimento econômico. Na visão de Schumpeter, a tecnologia é uma variável integrante do desenvolvimento econômico e as inovações produzidas pelo processo tecnológico geram mudanças na economia.

O modelo schumpeteriano entrou em vigor após a Segunda Guerra Mundial, quando a inovação tecnológica passou a ser foco de estudo dos economistas, o que ocasionou o surgimento de um campo de pesquisa próprio, a chamada *economia da inovação*. Os estudos de Schumpeter abordam temas como inovações tecnológicas, empresário inovador, empresas inovadoras e ambiente de inovação. Schumpeter também defendia dois fatores importantes para a inovação: o **espírito inovador dos empreendedores**[1], que demonstra a coragem de assumir riscos, e as **políticas de crédito** para a adoção de inovações tecnológicas no mercado.

Defendia ainda que o desenvolvimento econômico advém de novas combinações da utilização dos meios de produção mediante surtos de inovação para reconstruir as estruturas econômicas. A inovação é importante para responder às oscilações do capitalismo, que apresenta ciclos de equilíbrio e desequilíbrio, estabilidade e instabilidade, rupturas e reorganizações.

Assim, o empresário inovador tem um papel fundamental na construção de diferenciais e vantagens competitivas, de modo a levar a empresa a estabelecer estratégias e políticas de atuação no mercado. O Quadro 6.1 mostra as estratégias adotadas diante das mudanças tecnológicas.

---

1 Para ilustrar, disponibilizamos na seção "Estudos de caso", ao final do livro, um estudo de caso que apresenta uma importante reflexão sobre uma empresa que aproveita seu conhecimento para desenvolver produtos sem logística onerosa e que proporcionam ao cliente uma assistência técnica em estações de tratamento de esgoto.

Quadro 6.1 – Classificação das estratégias empresariais

Estratégia	Conteúdo da estratégia	Características	Fonte da vantagem competitiva
Ofensiva	Pioneirismo na introdução das inovações como forma de garantir a liderança técnica no mercado.	Gastos intensivos em P&D; relação estreita com o sistema mundial de custo efetivo total (CET); atenção especial ao sistema de patentes para garantir liderança técnica e posição de monopólio.	Lucros monopolistas ligados à exclusividade da inovação, capazes de compensar os gastos com P&D e eventuais insucessos relacionados à pesquisa básica.
Defensiva	Garantia da capacidade da empresa de reagir e se adaptar às mudanças tecnológicas introduzidas.	Intensiva em P&D; grande esforço de vendas para preservar mercados; busca de licenciamentos e de acordos para garantir atualização tecnológica.	Não ocorrência de possíveis erros associados ao pioneirismo da inovação; incorporação eventual de avanços técnicos que diferenciam seus produtos, mas a custos menores.
Imitativa	Apoio em custos interiores para se manter competitiva.	Busca de maior eficiência gerencial e produtiva como forma de compensar a lacuna que a separa das empresas tecnologicamente avançadas.	Menores custos indiretos.
Dependente	Opera em resposta a uma iniciativa ou especificação definida externamente à empresa.	Atividade passiva e subordinada do ponto de vista tecnológico; ausência de capacitação em P&D; produtos feitos "sob encomenda" (subcontratação).	Custos indiretos baixos; alto grau de especialização; possibilidade de vantagens locais.

(continua)

Estratégia	Conteúdo da estratégia	Características	Fonte da vantagem competitiva
Tradicionais	Incapacidade de iniciar uma inovação tecnológica ou de responder defensivamente às mudanças tecnológicas desenvolvidas por terceiros.	Recursos científicos mínimos e/ou inexistentes.	Conhecimento do ramo: vantagem competitiva por meio de sua longa permanência no setor.
Oportunistas	Capacidade de responder prontamente às mudanças das circunstâncias.	Normalmente são pouco associadas a P&D ou a necessidades de um projeto mais complexo; capacidade de identificar nichos de mercado.	Vantagem competitiva por meio da exclusividade ou de um atendimento superior a determinado segmento do mercado.

As inovações apresentam a seguinte classificação: são **radicais**, quando influenciam de forma considerável o funcionamento de vários mercados e alteram deliberadamente as estruturas de mercado; e **incrementais**, quando estão inseridas em um contexto próprio de investimento, tempo e necessidades no qual as melhorias são realizadas de forma gradual, tanto nos produtos como nos serviços ou nos processos.

6.1 Inovação como motor do desenvolvimento

As políticas de inovação são a principal ferramenta do desenvolvimento de um país. A inovação é impulsionada não somente pelo mercado, mas também por instituições de pesquisa e inovação, com financiamento de agências oficiais de fomento, o que destaca o papel do Estado na formação e no desenvolvimento de pesquisadores.

No caso brasileiro, o Estado teve a preocupação de criar um sistema de formação, conhecimento e pesquisa ancorado no ambiente universitário, o que tornou necessário o estabelecimento de condições para atender às crescentes demandas dos setores da sociedade. Para esse objetivo, foi necessário criar parques e institutos tecnológicos e centros de pesquisa e inovação.

6.2 Tipos de inovação

Vejamos agora os quatro tipos de inovação que podem ser aplicados no desenvolvimento de novos produtos.

1. **Inovação de produtos** – Forma clássica, baseia-se no desenvolvimento de produtos e diferentes ferramentas de marketing voltadas a economias de escala para novos produtos.

2. **Inovação de serviços** – Voltada para os setores de governo, varejo, finanças, lazer e entretenimento, busca inovar em métodos de prestação de serviços e atendimento.

3. **Inovação de processos** – Baseia-se no modelo de gestão de processos e busca o remodelamento e a reconstrução de processos em larga escala.

4. **Inovação de modelo de negócios** – Consiste na reestruturação de negócios existentes com base em recursos, parceiros, estruturas de custos e receitas.

Dessa forma, a inovação pode ocorrer em qualquer uma das áreas: esses quatro tipos são os mais evidentes e os que melhor correspondem ao desenvolvimento de uma inovação.

6.3 Políticas governamentais de inovação

Como explicamos anteriormente, a inovação tecnológica é uma ferramenta essencial para o desenvolvimento econômico pela sua capacidade de transformar a base produtiva e incrementar o surgimento de novos produtos. Ressaltamos que o desenvolvimento de novos produtos atende às necessidades de satisfação do cliente e ao valor observado por ele em relação aos diferenciais competitivos que a indústria apresenta, seja nas características do produto, seja no *design*. A inovação também contribui para que as empresas tenham maior rentabilidade, pois diferenciais no produto atraem mais consumidores, atendendo à satisfação dos clientes e gerando maior consumo e maiores retornos financeiros.

A inovação ocorre desde o início da história da humanidade, com o desenvolvimento das primeiras ferramentas de pedra, passando pela invenção da imprensa e chegando às pesquisas com células-tronco. Além da contribuição para a evolução da sociedade e para a alteração dos padrões da vida cotidiana, a inovação colaborou para a expansão do mercado de trabalho, criando novas profissões e novos processos produtivos.

No Brasil, a partir da década de 1930, houve instituições que contribuíram para o desenvolvimento da ciência, da pesquisa e da inovação, entre elas a Universidade de São Paulo (USP), inaugurada em 1934; o Conselho Nacional de Pesquisas (atual Conselho Nacional de Desenvolvimento Científico e Tecnológico – CNPq), a Coordenação de Aperfeiçoamento de Pessoal de Nível Superior (Capes) e a Fundação de Amparo à Pesquisa do Estado de São Paulo (Fapesp), as três em 1951; o Fundo

Tecnológico (Funtec) do Banco Nacional de Desenvolvimento Econômico e Social (BNDES), em 1963; e o Instituto Alberto Luiz Coimbra de Pós-graduação e Pesquisa em Engenharia (Coppe), da Universidade Federal do Rio de Janeiro (UFRJ), em 1963.

Com o advento das tecnologias de comunicação e da ampliação da rede mundial de computadores, a inovação passou a ser associada a pesquisas de combustíveis, petróleo e gás, pesquisas espaciais e na área do meio ambiente. A competitividade tecnológica levou os países a disputar a vanguarda tecnológica por essa nova face da indústria: a **indústria do conhecimento**.

Nesse cenário, o Ministério da Ciência, Tecnologia e Inovação (MCTI) tem suas ações estruturadas por um eixo horizontal – a Expansão, Consolidação e Integração do Sistema Nacional de Ciência, Tecnologia e Inovação – e três eixos verticais – a Política Industrial, Tecnológica e de Comércio Exterior (PITCE), os Objetivos Estratégicos Nacionais e a Ciência e Tecnologia para a Inclusão e o Desenvolvimento Social. A esse respeito, veja a Figura 6.1.

Figura 6.1 – Eixos estratégicos do MCTI

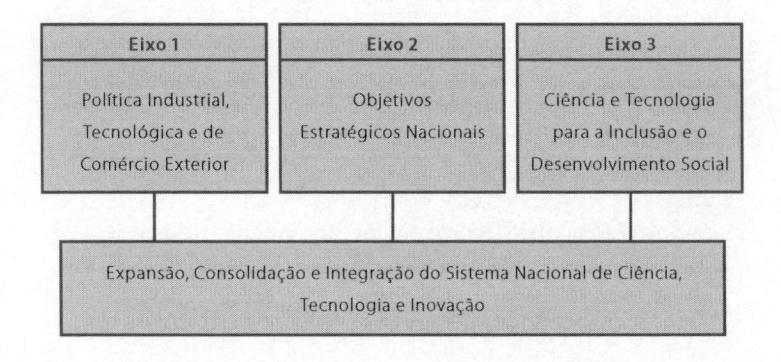

Eixo 1	Eixo 2	Eixo 3
Política Industrial, Tecnológica e de Comércio Exterior	Objetivos Estratégicos Nacionais	Ciência e Tecnologia para a Inclusão e o Desenvolvimento Social

Expansão, Consolidação e Integração do Sistema Nacional de Ciência, Tecnologia e Inovação

Fonte: Adaptado de Negri; Kubota, 2008, p. 563.

No âmbito internacional, as políticas de apoio à inovação
são fomentadas por agências oficiais ou por bancos públicos de desenvolvimento, podendo apresentar também outras formas de financiamento, como os não reembolsáveis para pesquisa acadêmica ou privada. No caso de financiamento às empresas, este pode ocorrer com taxas menores e em prazos maiores, garantia de participação no capital do empreendimento desenvolvido e apoio para a criação de novas indústrias e projetos.

As políticas de inovação apresentam várias características em diversos países: na China, na Índia e em países da União Europeia (EU) há a organização de intercâmbio de pesquisadores; na Finlândia, pesquisadores estrangeiros têm participação ativa no desenvolvimento científico, com envolvimento em bancas e atividades acadêmicas; nos EUA, desenvolve-se a prática de atração de pesquisadores estrangeiros para universidades e empresas.

6.4 Políticas fiscais de incentivo à inovação

Um dos instrumentos mais utilizados para o financiamento da inovação são as **políticas fiscais**, que se caracterizam como um benefício tributário para as empresas que investirem em pesquisa e desenvolvimento (P&D). Contudo, esse mecanismo de financiamento apresenta aspectos positivos e negativos. Entre os aspectos positivos, destacamos a política horizontal de financiamento, que não restringe o acesso das empresas, e a não intervenção do governo nos projetos apresentados para a liberação do financiamento. A seguir, apresentamos outros pontos positivos.

Pontos positivos das políticas fiscais de financiamento:

a. O processo de liberação do financiamento é pouco burocrático, pois solicita poucos documentos e não necessita de grande estrutura de pessoal.

b. O incentivo tem um efeito psicológico sobre os empresários, que apoiam e adotam o processo de inovação.

c. O processo de liberação de recursos orçamentários é mais facilitado, pois não depende de tratativas políticas.

Fonte: Negri; Kubota, 2008.

As políticas fiscais também têm aspectos negativos, como a ausência de participação do governo nas políticas de inovação, principalmente no tocante a quais pesquisas incentivar e de quem deve receber o incentivo. A seguir, apresentamos alguns aspectos negativos das políticas fiscais.

Pontos negativos das políticas fiscais de financiamento:

a. A política fiscal atende principalmente às empresas que já realizam investimentos em inovação e não incentivam as empresas que ainda não têm projetos de inovação, o que acaba por segmentar o processo em empresas que inovam e empresas que não inovam.

b. Esse processo não contribui para políticas estratégicas do país, que necessita de um processo de verticalização das políticas de financiamento da pesquisa e inovação, com maior atuação do Estado.

c. Nesse modelo, devido a fatores que não podem ser observados, é difícil mensurar a realização de pesquisas e de projetos.

Fonte: Adaptado de Negri; Kubota, 2008.

No âmbito federal brasileiro, o BNDES e a Financiadora de Estudos e Projetos (Finep) são as maiores fontes de apoio à inovação. Nos estados, as fundações de apoio e amparo à pesquisa fomentam projetos de inovação em convênio com órgãos federais. Além disso, o Instituto Nacional de Propriedade Intelectual (Inpi) recebe e analisa pedidos de registros de marcas e patentes, como forma de disputa competitiva entre os países.

Uma das formas de avaliarmos o sucesso das políticas de inovação é pela quantidade de registros de marcas no Inpi, o que pode estabelecer uma mensuração da produção de inovação no país. A Figura 6.2, a seguir, mostra a evolução dos depósitos e marcas no Inpi no período de 1971 a 2004.

Figura 6.2 – Quantidade de depósitos e concessões de marcas no Inpi – 1971 a 2004

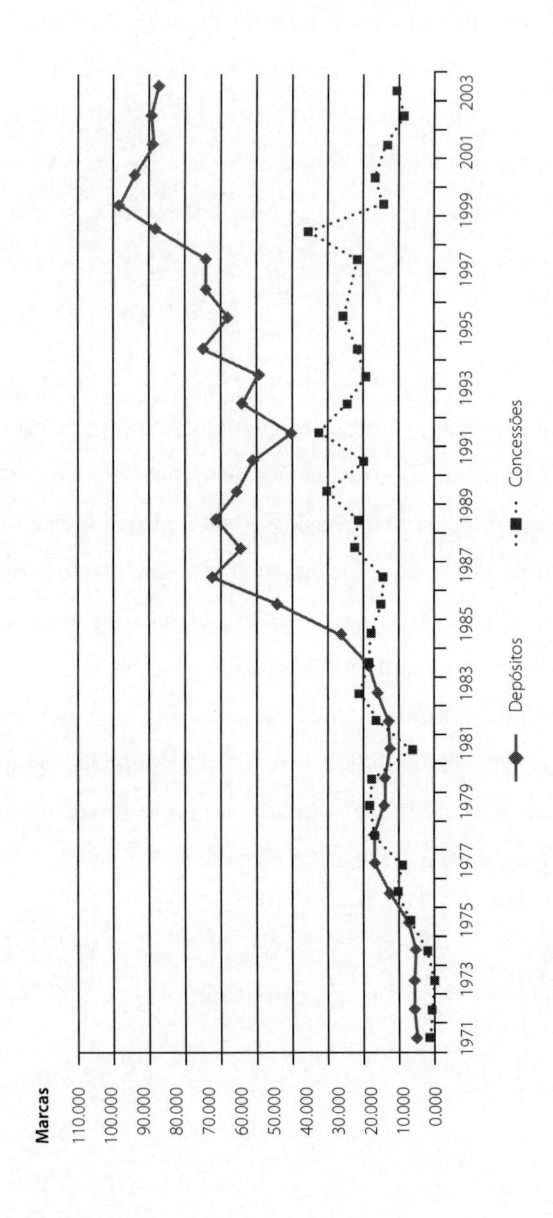

Depósitos ········ Concessões

Fonte: Adaptado de Negri; Kubota, 2008, p. 472.

A Finep foi criada em 1967, como instituição de fomento à inovação e ao desenvolvimento tecnológico. A partir de 1971, assumiu as funções de fomento à pesquisa e à pós-graduação. Os recursos orçamentários têm como origem fundamental o Fundo de Amparo ao Trabalhador (FAT).

Fonte: Negri; Kubota, 2008.

No Brasil, as políticas públicas de fomento e inovação têm a seguinte composição: Ministério da Educação (MEC), MCTI, BNDES, Finep, Agência Brasileira de Desenvolvimento Industrial (ABDI) e Instituto de Pesquisa Econômica Aplicada (Ipea).

No caso brasileiro, as políticas governamentais de inovação estão relacionadas ao processo de industrialização que ocorreu tardiamente, na década de 1970. Outro aspecto importante é a própria configuração das universidades brasileiras, fortemente voltadas para o ensino. As políticas de apoio à pesquisa universitária ganharam força em nosso país na década de 1970, com o desenvolvimento de cursos de mestrado e doutorado fora do Brasil para a formação de pesquisadores, com o objetivo de desenvolver a pesquisa científica sem a criação de um sistema de financiamento para a inovação. Veja, na Tabela 6.1, a evolução do número de mestres e doutores no Brasil.

Tabela 6.1 – Evolução do número de mestres e doutores no Brasil

				Taxa geométrica (% ao ano)		
Nível	1976	1996	2006	2006-1976 (29 anos, 3,5 meses)	1996-1976 (20 anos)	2006/1996 (9 anos, 3,5 meses)
Mestrado	490	1.083	2.240	5,3	4,0	8,1
Doutorado	183	541	1.182	6,6	5,6	8,8
Total	673	1.624	3.422	5,7	4,5	8,4

Fonte: Adaptado de Negri; Kubota, 2008, p. 43.

Sabemos que a industrialização brasileira foi sustentada pela atração de empresas multinacionais, que exploram o mercado brasileiro para a distribuição de seus produtos, mas que têm a política de desenvolvimento de produto fundamentada em seus países de origem. Nos anos 1970, políticas de substituição de importações foram adotadas pelo governo brasileiro para desenvolver a indústria local, sem a criação de políticas de inovação industrial. No entanto, mesmo diante desse cenário, o Brasil apresentou alternativas para o incremento da inovação tecnológica, buscando reduzir a lacuna de desenvolvimento industrial em relação aos países desenvolvidos.

No início dos anos 1980, tivemos a proposta da Lei de Informática, que reservou o mercado para a produção de bens de informática dentro do país (computadores, máquinas computadorizadas, automação bancária etc.). Essa política se mostrou ineficiente pela falta de apoio à inovação e pela perda de competitividade com o mercado externo.

No ano de 1988, o país realizou as primeiras conexões com a rede mundial de computadores (internet) por meio do Laboratório Nacional de Computação Científica (LNCC), no Rio de Janeiro, o que fez com que o país iniciasse sua inserção na nova sociedade global. Em 1989, o Ministério de Ciência e Tecnologia, por meio do CNPq, lançou a Rede Nacional de Ensino e Pesquisa (RNP), objetivando a formação de uma rede de internet avançada para utilização da comunidade acadêmica, o que resultou, no ano de 1991, na primeira rede de conexão brasileira (*backbone*). Coube também à RNP o papel de fomentar o surgimento de provedores comerciais e sua interligação. A RNP voltou à área de educação e pesquisa após a atividade de apoio ao surgimento da internet comercial.

Esse processo levou ao desenvolvimento do Programa Temático Multi-institucional em Ciência da Computação (ProTeM-CC), que, com o apoio financeiro do CNPq e do Comitê Gestor da Internet no Brasil (CGI.br), ampliou os serviços de rede de internet de alta velocidade.

Em um primeiro momento, a RNP foi estabelecida na comunidade acadêmica dos grandes centros urbanos como forma de estabelecer o sucesso da infraestrutura do *backbone* instalado e a expansão de novos serviços para provedores de internet. O Mapa 6.1, a seguir, mostra a rede de conexão instalada no Brasil de 1991 a 1993.

Mapa 6.1 – *Backbone* da RNP de 1991 a 1993

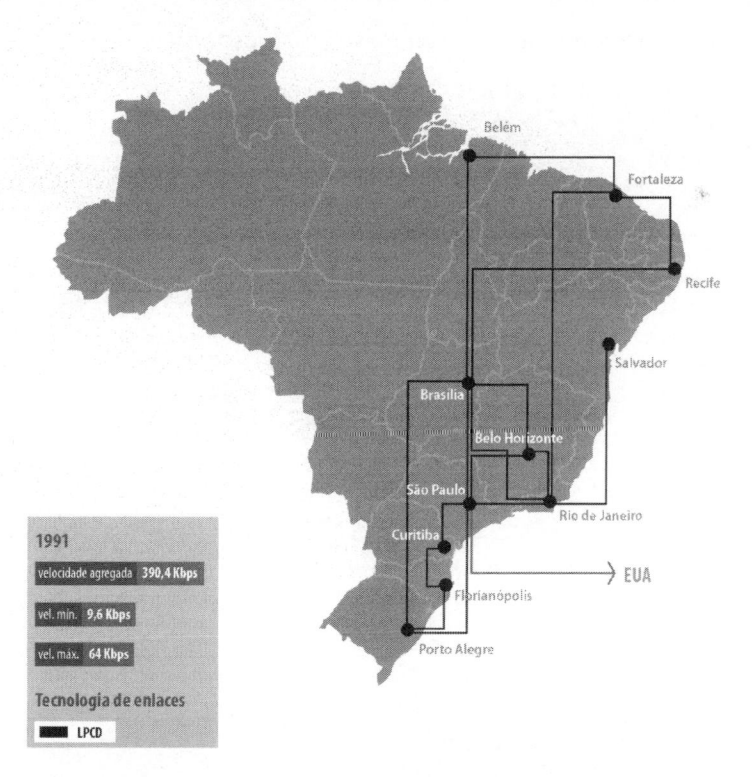

Fonte: Adaptado de RNP, 2016.

No início dos anos 1990, o governo Collor revogou a Lei de Informática – Lei n. 8.248, de 23 de outubro de 1991 (Brasil, 1991) –, abrindo o mercado para a competição externa, com o objetivo de fomentar as condições de competitividade da indústria nacional e desarticular a estrutura de incentivos montada anteriormente. Nos anos 1990, durante o governo de Fernando Henrique Cardoso, as políticas do MCTI levaram à criação de fundos setoriais para financiar a inovação. Essas iniciativas, no entanto, não foram eficazes, em virtude do orçamento reduzido e do arcabouço legal e regulatório que dificultava o acesso aos fundos de investimento e espalhava o recurso entre inúmeros fundos. Já nos anos 2000, durante o governo de Luiz Inácio Lula da Silva, ocorreu um aumento dos recursos orçamentários (veja a Figura 6.3) e foi elaborado um novo arcabouço legal, com novas políticas de apoio à inovação.

Figura 6.3 – Recursos orçamentários para políticas de inovação – 1999 a 2006

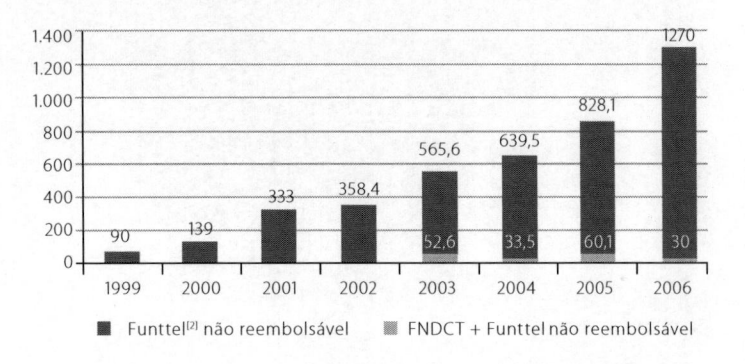

Fonte: Adaptado de Negri; Kubota, 2008, p. 33.

---

2 Funttel – Fundo para o Desenvolvimento Tecnológico das Telecomunicações.

O primeiro fundo setorial de inovação foi implementado em 1999, com o Fundo Setorial de Petróleo e Gás (CT-Petro), sendo criados outros 14 fundos de incentivo entre 2000 e 2001; em 2004, foi criado o Fundo para o Setor de Transporte Aquaviário e de Construção Naval. As receitas dos fundos setoriais são aplicadas pela Finep e pelo CNPq, com recursos do orçamento do Fundo Nacional de Desenvolvimento Científico e Tecnológico (FNDCT).

No ano 2000, foi criado o Fundo Verde-Amarelo (FVA), pela Lei n. 10.168, de 29 de dezembro de 2000 (Brasil, 2000), associado à Contribuição de Intervenção no Domínio Econômico (Cide), constituindo a principal fonte de recursos para a inovação de micro e pequenas empresas, com dois programas distintos: o Programa de Estímulo à Interação Universidade-Empresa para o Apoio à Inovação e o Programa Inovação para a Competitividade, com recursos do FNDCT.

Em 30 de dezembro de 2002, foi aprovada a Lei n. 10.637 (Brasil, 2002a), que ampliou os incentivos, inclusive para a dedução do Imposto de Renda das empresas que aplicassem recursos em pesquisa e inovação. A regulamentação dessa lei ocorreu em 23 de dezembro de 2003, pelo Decreto n. 4.928 (Brasil, 2003), mas se mostrou ineficiente pois, entre 2003 e 2005, houve apenas uma aprovação de projeto, em razão dos procedimentos burocráticos para obtenção dos financiamentos, por isso foi revogado pelo Decreto n. 5.798, de 7 de junho de 2006 (Brasil, 2006).

A Lei n. 10.973, de 2 de dezembro de 2004 (Brasil, 2004b), conhecida como *Lei da Inovação*, promove os Fundos Setoriais de Ciência e Tecnologia, buscando ampliar os recursos não reembolsáveis incentivados pelo orçamento da União. A lei prevê, em seu art. 3º, "ações de empreendedorismo tecnológico e de criação de ambientes de inovação, incluindo incubadoras de empresas e parques tecnológicos" (Brasil, 2004b). Prevê ainda diferentes tipos de apoio: subvenção econômica, crédito e participação societária nas empresas.

Com a Lei da Inovação, espalharam-se pelo país as Instituições Científicas e Tecnológicas (ICT), conforme o art. 17 do Decreto n. 5.563, de 11 de junho de 2005, que regulamentou a Lei n. 10.973/2004, conforme descreve seu próprio texto:

> *Art. 17. A ICT deverá dispor de Núcleo de Inovação Tecnológica, próprio ou em associação com outras ICT, com a finalidade de gerir sua política de inovação.*
>
> *Parágrafo único. São competências mínimas do Núcleo de Inovação Tecnológica:*
>
> *I – zelar pela manutenção da política institucional de estímulo à proteção das criações, licenciamento, inovação e outras formas de transferência de tecnologia;*
>
> *II – avaliar e classificar os resultados decorrentes de atividades e projetos de pesquisa para o atendimento das disposições da Lei n. 10.973, de 2004;*
>
> *III – avaliar solicitação de inventor independente para adoção de invenção na forma do art. 23 deste Decreto;*
>
> *IV – opinar pela conveniência e promover a proteção das criações desenvolvidas na instituição;*

V – opinar quanto à conveniência de divulgação das criações desen-
volvidas na instituição, passíveis de proteção intelectual; e
VI – acompanhar o processamento dos pedidos e a manutenção dos
títulos de propriedade intelectual da instituição. (Brasil, 2005a)

Em 2006, foi constituído o Fórum dos Gestores de Inovação e Transferência de Tecnologia (Fortec) para colaborar na interação de universidades e empresas, compreendendo 78% dos Núcleos de Inovação Tecnológica (NIT), com recursos do Finep e do CNPq. Embora já existissem antes da Lei da Inovação, os NIT se ampliaram fortemente após a lei.

Em 2005, foi aprovada a Lei n. 11.196, de 21 de novembro de 2005 (Brasil, 2005b), com a alcunha de *Lei do Bem*, buscando a redução dos impostos e da burocratização dos processos. Com essa nova lei, os investimentos são liberados sem a apresentação de projetos em contas regulamentadas pela Receita Federal, o que estimula a formação da rede de cooperação entre universidades e micro e pequenas empresas. A lei prevê ainda formas de abatimento de impostos a fim de aumentar o quadro de pessoal de pesquisa e desenvolvimento – com a contratação de pesquisadores –, bem como para o patenteamento.

A Lei do Bem utiliza os seguintes instrumentos fiscais: dedução, com reflexo no lucro líquido das empresas e na Contribuição Social sobre o Lucro Líquido (CSLL); depreciação e amortização, com reflexo no Imposto de Renda de Pessoa Jurídica (IRPJ) e na CSLL; redução da alíquota e crédito fiscal, com reflexo no IRPJ; e redução do Imposto sobre Produtos Industrializados (IPI) pelo aperfeiçoamento de produtos já existentes. Confira na Figura 6.4, a seguir.

Figura 6.4 – Incentivos fiscais da Lei do Bem

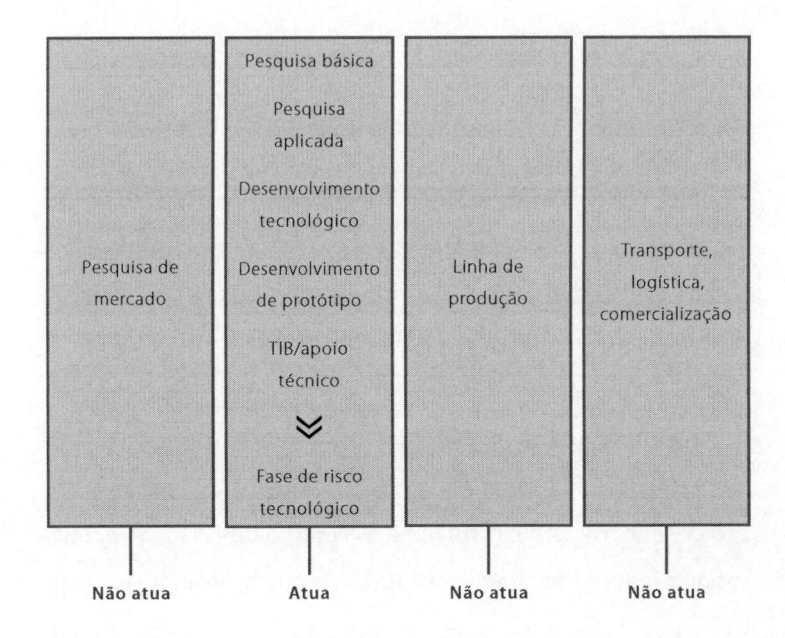

Fonte: Adaptado de Brasil, 2011, p. 13.

Conforme estabelece a Lei n. 11.196/2005, os benefícios são destinados às seguintes atividades:

a. pesquisa para o desenvolvimento tecnológico e de inovação;

b. cooperação entre empresas com universidades, instituições de pesquisa, micro e pequena empresas ou inventores independentes;

c. contratação de pesquisadores;

d. patentes e registro de cultivares;

e. aquisição de novas máquinas, equipamentos, aparelhos e instrumentos destinados à inovação;

f. aquisição de bens intangíveis vinculados ao conhecimento técnico-científico;

g. aquisição de *royalties*, assistência técnica ou científica e serviços especializados;

h. construção de espaços físicos destinados a laboratórios de P&D dentro das empresas.

Em 2006, o BNDES realizou uma revisão de sua política de financiamento, ampliando a ideia de inovação e o incentivo para indústrias menos desenvolvidas tecnologicamente, aumentando os recursos do Fundo Tecnológico (Funtec) e criando novas linhas de apoio à inovação: Inovação PD&I e Inovação Produção, BNDES Automático e Financiamento a Empreendimentos, conforme mostra o Quadro 6.2.

Quadro 6.2 – Novas linhas de apoio à inovação

Lei de Inovação (2004).
Lei do Bem (2005, com alterações em 2006, 2007 e 2008).
Programa Subvenção Pesquisador na Empresa (01, 02, 03/2006 – Finep).
Subvenção Econômica à Inovação (2006, 2007 e 2008).
Programa Capital Empreendedor (Finep e BNDES).
Programas das Fundações de Amparo à Pesquisa (FAPs): Pesquisa Inovativa em Pequenas Empresas (Pipe), Parceria para Inovação Tecnológica (Pite) e Programa de Apoio à Pesquisa em Empresas (Pappe).
Programas de Financiamentos Reembolsáveis (Finep e BNDES).
Fundos setoriais.
Bolsas do CNPq.
Leis estaduais de inovação etc.

Assim, no período de 2004 a 2008, as políticas de inovação foram representadas por três programas distintos: a Política Industrial, Tecnológica e de Comércio Exterior (PITCE), de 2003; o Plano de Ação Ciência, Tecnologia e Inovação para o Desenvolvimento Nacional, de novembro de 2007; e a Política de Desenvolvimento Produtivo (PDP), de maio de 2008.

6.5 Inovação no cenário das micro e pequenas empresas

O processo de inovação teve seu início com a aplicação de ideias e projetos advindos de grandes corporações, cabendo a essas empresas as alterações esperadas em projetos e produtos. Nas últimas décadas, no entanto, as políticas de inovação estão voltadas para micro e pequenas empresas, com o objetivo de incentivar novos processos produtivos nesses segmentos corporativos.

As micro e pequenas empresas têm características que lhes são próprias, apresentando vantagens e desvantagens em relação às grandes corporações, entre as quais destacamos:

» **Vantagens** – Estrutura menos burocrática, maior flexibilidade operacional e maior proximidade com o cliente.

» **Desvantagens** – Estrutura de capital insuficiente e dificuldades no acesso a recursos financeiros, no gerenciamento dos projetos, na atração de recursos e no acesso a novos fatores tecnológicos e produtivos.

Assim, para que tenhamos um ambiente propício à inovação, é preciso que algumas condições sejam asseguradas, como: proximidade das fontes de conhecimento tecnológico, mão de obra qualificada, disponibilidade de financiamento e políticas de parcerias com instituições de pesquisas.

Nesse contexto, destacamos o papel das **incubadoras tecno-**
lógicas de apoio a micro e pequenas empresas. A política de incubadoras tecnológicas é definida por linhas de incentivo e financiamento e por programas para a expansão de linhas de inovação. O Quadro 6.3, a seguir, demonstra as linhas e os programas de incubação tecnológica alinhados ao SNI.

Quadro 6.3 – Linhas mestras e principais programas do SNI

Institutos de pesquisa & inovação	Centros de Pesquisa, Inovação e Difusão (Cepids), Fundo de Infraestrutura CT-Infra, FNDCT, Institutos Nacionais.
Parcerias universidade-empresa	Fundos setoriais, Lei de Inovação, Pite, Funtec, Lei do MEC.
Pesquisador na empresa	Bolsas do CNPq, Lei do Bem, Subvenção Pesquisadores.
Projetos de P&D na empresa	Subvenção econômica, Lei do Bem, BNDES Inovação Tecnológica.
Programa de inovação na empresa	Finep Inova Brasil, BNDES Capital Inovador.
Criação de novos negócios	Primeira Empresa Inovadora (Prime), Pipe, Subvenção Econômica, Pappe Subvenção, Inovar, Inovar Semente, Venture Capital (VC).
Parques tecnológicos	PNI, Ações Transversais.

Essas incubadoras permitem condições de acesso a fontes de tecnologia, capacitação de formação gerencial e estratégias de marketing, além de acesso a políticas de fomento à inovação.

6.6 Inovação em pequenas empresas brasileiras na atualidade

Uma pesquisa do Serviço Brasileiro de Apoio às Micro e Pequenas Empresas (Sebrae) feita em 2003 com 34 mil empreendimentos mapeou a inovação em pequenas empresas. Os resultados mostram que, no ano de 2003, ocorreram mais de 85 mil ações de inovação, destacando a criação de produtos, formas de fabricação ou distribuição e novos meios de prestação de serviços (Cronemberger, 2013).

Destacam-se ainda os objetivos das medidas inovadoras, que objetivavam produtividade e redução de custos, melhoria na qualidade e nos processos, tecnologias de informação e comunicação e *design*. Há ainda um número reduzido que investe em propriedade intelectual e ações de impacto ambiental.

Ao contrário do que pensa o senso comum, essa pesquisa mostra que a inovação é uma premissa fundamental também para as pequenas empresas como forma de competitividade e posicionamento de mercado.

Síntese

Neste capítulo, exploramos o entendimento do conceito de *inovação* e a evolução histórica dos marcos regulatório e legal sobre o tema, destacando sua importância para projetos de desenvolvimento de produtos. Mostramos também os benefícios destinados às empresas que aderirem e se adequarem às políticas propostas, bem como o papel estratégico do Estado como incentivador da inovação no Brasil. Por fim, apresentamos o papel da inovação nas micro e pequenas empresas, destacando as vantagens e as desvantagens dessas categorias em relação às grandes empresas.

Questões para revisão

1. A análise do papel da inovação com base nos estudos de Joseph Schumpeter destaca a relevância de processos inovadores para o desenvolvimento de um país. Para que esse processo ocorra, é necessário que o processo seja impulsionado:

   a. pelo Estado, destacando seu papel no desenvolvimento de pesquisadores e fomento à inovação.

   b. pelo mercado e pelas políticas de fomento a pesquisadores, sejam públicos, sejam privados.

   c. pelo mercado, pelas instituições de pesquisa e inovação e pelas agências de fomento.

   d. de forma exclusiva pelos programas oficiais de fomento, com os benefícios fiscais oferecidos.

2. Os projetos de desenvolvimento de produtos passam pela necessidade constante de inovação, que pode ser dividida em quatro tipos:

   a. De produtos, serviços, processos e modelos de negócios.

   b. De produtos, preços, praças e promoção.

   c. De produtos, de serviços, de *design* e de processos.

   d. De produtos, de serviços, de estoques e de transporte.

3. O Estado tem um papel fundamental no processo de inovação, fomentando políticas e incentivos para pesquisadores e empresas inovadoras. Considerando esse conceito, quais são os pontos positivos e negativos das políticas fiscais de financiamento?

4. As políticas fiscais de financiamento têm como objetivo fomentar o processo de inovação nas empresas, segmentando-se conforme o tamanho destas. Nesse cenário, destaca-se o financiamento às micro e pequenas empresas que respeitam as características próprias dessas organizações. Dessa forma, quais são as vantagens e as desvantagens das micro e pequenas empresas em relação às grandes corporações?

5. No caso brasileiro, as políticas governamentais de inovação estão relacionadas ao processo de industrialização que ocorreu tardiamente, na década de 1970. Outro aspecto importante é a própria configuração das universidades brasileiras, fortemente voltadas para o ensino e a formação de pesquisadores, com o objetivo de desenvolver a pesquisa científica. Sobre o cenário da pesquisa brasileira, é correto afirmar:

   a. Nos anos 1970, as políticas governamentais de inovação foram fundamentais para o processo de industrialização das regiões metropolitanas brasileiras.

   b. No início dos anos 1980, as políticas de inovação foram importantes para permitir a competição entre empresas nacionais e estrangeiras.

c. O primeiro fundo setorial de inovação foi implementado em 1999, com o Fundo Setorial de Petróleo e Gás.

d. As políticas governamentais de inovação foram responsáveis pela inserção do país na sociedade global no final dos anos 1970.

Questões para reflexão

Após a leitura deste capítulo, é necessário realizar uma reflexão para analisarmos e entendermos o papel da inovação nas organizações, bem como as possibilidades que as políticas abrem para o avanço das empresas em um mercado cada vez mais competitivo. Sendo assim, propormos a você as seguintes reflexões:

1. As políticas governamentais de financiamento à inovação tecnológica são suficientes para reduzir a distância tecnológica das empresas nacionais em relação aos países desenvolvidos?

2. As empresas brasileiras têm aproveitado essas políticas para o desenvolvimento de novos produtos ou serviços? Em sua área de atuação, existem possibilidades de inovação que se adequam às alternativas de financiamento?

Perguntas e respostas

As políticas governamentais de financiamento à inovação tecnológica são suficientes para reduzir a distância tecnológica das empresas nacionais em relação às dos países desenvolvidos?

Resposta: O financiamento é fundamental, mas não suficiente, pois é necessária também uma política de educação, qualificação e capacitação profissional, bem como formação de pesquisadores para fomentar a inovação. Uma política conjunta de financiamento, educação e qualificação seria a mais adequada para reduzir a distância tecnológica em relação aos países desenvolvidos.

Consultando a legislação

A Lei n. 11.196/2005 – a chamada *Lei do Bem* – tem o objetivo de fomentar a pesquisa, o desenvolvimento e a inovação, bem como estabelecer uma cooperação entre as empresas e as universidades. Essa lei, em sua área de abrangência, busca uma ação mais eficiente no campo da inovação, pois contempla ações de pesquisa, patentes, aquisição de máquinas e equipamentos, *royalties*, contratação de pesquisadores e construção de espaços de pesquisa. Sendo assim, sugerimos que você consulte a lei na internet.

BRASIL. Lei n. 11.196, de 21 de novembro de 2005. **Diário Oficial da União**, Poder Legislativo, Brasília, DF, 22 nov. 2005. Disponível em: <http://www.planalto.gov.br/ccivil_03/_ato2004-2006/2005/lei/l11196.htm>. Acesso em: 5 jan. 2017.

para concluir...

O novo cenário de competitividade global é fortemente marcado por processos de criação e desenvolvimento de produtos que busquem o atendimento de novas necessidades advindas da mudança de comportamento dos consumidores. Nesse cenário, destaca-se o processo de **inovação**, que confere novos usos a produtos e serviços, assim como forma novos negócios com características inovadoras.

Em um cenário de concorrência acirrada e de mudança de comportamento dos consumidores, o desenvolvimento de novos produtos é fundamental para a competitividade das organizações. Esse desenvolvimento é fruto de pesquisas de marketing, com a realização de uma leitura do mercado e do público-alvo e a observação de novas tendências e novas necessidades que devem ser atendidas por novos produtos desenvolvidos pela indústria.

Como vimos, para fomentar a inovação, o governo brasileiro criou linhas de financiamento e de incentivo, oferecendo isenções e condições diferenciadas para as empresas que aderirem a esses programas.

Por fim, a inovação se tornou um imperativo no mercado, com vistas a estabelecer vantagens competitivas por meio da geração e da seleção de ideias, da análise de riscos e do correto gerenciamento dos projetos, o que faz com que as organizações acompanhem as mudanças do mercado.

estudos de caso

Estudo de caso 1

Estudantes criam serviço de aluguel de carros elétricos em Porto Alegre

Sistema deverá estar disponível à comunidade universitária até o final de 2014. Projeto está em fase de levantamento de recursos e pesquisa de público.

Uma ideia de três jovens engenheiros e estudantes de pós-graduação promete trazer novo fôlego à mobilidade urbana em Porto Alegre. O projeto consiste em implantar na capital um sistema de aluguel de carros elétricos semelhante ao que já ocorre com bicicletas, mas que permita uma utilização dos veículos em viagens que durem mais de uma hora.

A iniciativa é de Cezar Reinbrecht, Gerson Scartezzini e Lucas de Paris, que criaram a *startup* MVM Technologies para viabilizar o negócio. Os dois primeiros são, respectivamente, alunos de doutorado e de mestrado no Instituto de Informática; o terceiro é mestrando na Unicamp. Cezar e Lucas também trabalham na NSCAD, empresa de tecnologia incubada no Instituto de Informática (INF) da Universidade Federal do Rio Grande do Sul (UFRGS). Eles preveem que até o final de 2014 o SiVI (*Sistema Veicular Inteligente*), com investimento inicial de R$ 3 milhões, esteja em funcionamento.

Inicialmente, estarão disponíveis para aluguel 20 veículos elétricos. Nessa fase, de testes, apenas a comunidade da UFRGS poderá utilizar o sistema, que posteriormente será ampliado para outras universidades da capital e depois aberto à população em geral.

"Nosso interesse é, principalmente, buscar um futuro melhor para as pessoas na cidade. As palavras-chaves que pretendemos colocar nas ruas são: tecnologia verde, utilização consciente e uso compartilhado", esclarece Cezar.

Funcionamento – Haverá, em um primeiro momento, apenas dois pontos de retirada dos veículos, um no Campus do Centro e outro no Vale, e o trajeto será limitado a esses locais. Para alugar um carro, o usuário deverá realizar um cadastro e fornecer número de cartão de crédito para pagamento. A cobrança será tarifada por viagem, mas haverá a possibilidade de serem adquiridos pacotes para mais de um percurso.

Durante o cadastro, será exigido número de CNH do condutor, para verificar pontuação na carteira, pois o sistema irá beneficiar bons motoristas, relata Gerson. A utilização consciente também é preocupação dos empresários: "Nosso

sistema oferecerá descontos às pessoas que compartilharem
os carros", explica.

Preço – O valor ainda está em estudo, mas Lucas comenta que a ideia é reduzir o custo à medida que o sistema se consolida. "O preço inicia mais alto e depois diminui, conforme a aceitabilidade do público a essa concepção de transporte", elucida o mestrando.

Carros elétricos importados – Para viabilizar a ideia, serão trazidos veículos da Espanha, a partir de um convênio firmado com a empresa Hiriko. Além de serem 100% elétricos, os modelos são dobráveis, o que reduz o espaço necessário para estacionar. Para marcar a presença do SiVI na cidade, a pintura dos carros será feita com cores que se destacam no trânsito: como verde-limão, rosa, amarelo e laranja.

Investimento – Na fase atual do projeto, de captação de recursos, Cezar, Gerson e Lucas buscam parceiros que tenham interesse em financiar o negócio. "Estamos estudando também editais do governo que ofereçam recursos de incentivo a ações de ciência e tecnologia", observa Cezar. Questões legais e jurídicas estão em desenvolvimento, e as tratativas com a Prefeitura para liberação de espaços para instalação dos pontos de retirada estão avançadas.

Pesquisa de público – Para conhecer melhor os futuros usuários do sistema, os estudantes estão realizando uma pesquisa pela internet. "Queremos saber quantas pessoas estão interessadas e os horários e dias em que pretendem utilizar o serviço, para podermos aprimorar o SiVI", explica Gerson. A ideia, segundo ele, é poder tirar o máximo de vantagem e transferir o menor custo para quem irá utilizar esse modelo de transporte.

[...]

Startup[1] tomou forma em curso de inovação promovido pela Intel

O início de tudo se deu com a inscrição da equipe para participar da seleção para o *T2MA* (*Time to Market Accelerator*[2]), um curso de empreendedorismo inovador em escala global, promovido pela multinacional Intel, em parceria com a Universidade da Califórnia. Os estudantes submeteram a ideia e foram escolhidos para realizar a capacitação no Vale do Silício, berço da inovação tecnológica mundial.

Junto com outros 23 grupos de universidades de vários países (entre eles Turquia, China, Índia, Irlanda e Quênia), participaram de dois meses de intensas atividades para evoluir as iniciativas a um patamar de negócios nos mesmos moldes empregados no Vale do Silício. Ao final da etapa, as equipes com as ideias mais maduras, entre elas a MVM Technologies, foram convidadas para um treinamento de três dias, em que se encontraram e receberam dicas de investidores internacionais.

"Conversamos com empresários do Vale do Silício e obtivemos um ótimo *feedback* deles, o que possibilitou amadurecer ainda mais nossa ideia. Além disso, assistimos [a] palestras de pessoas renomadas, como o Guy Kawasaki, que nos deu

---

1 *Startup* é uma empresa que está iniciando suas atividades no mercado.

2 Trata-se de uma expressão que, em termos comerciais e de negócios, define o período que um produto leva desde sua concepção até sua comercialização.

dicas aprendidas por ele quando trabalhou com Steve Jobs", avalia Lucas.

Agora, de volta ao Brasil, eles trabalham para implementar a proposta em um contexto real de negócios, o que deu origem à MVM Technologies.

Interessados em contatar o grupo podem escrever para lucas.paris@ufrgs.br. Outras informações, pela página da MVM Technologies no Facebook (facebook.com/mvmtechnologies).

Fonte: UFRGS, 2013, grifo nosso e do original.

Estudo de caso 2

Volkswagen do México: produção de peças para o automóvel Jetta

Técnicas de gestão de projetos entregam resultados no tempo e dentro do orçamento.

[...] A Volkswagen Mexico Components (VW México) ganhou uma licitação para produzir vários componentes, incluindo os eixos dianteiros e a montagem dos módulos laterais. A equipe da fábrica VW México tinha 21 meses e um orçamento de US$ 3,3 milhões para projetar e instalar a linha de montagem e iniciar a produção em massa das peças.

[...]

Desafios

A equipe da VW México utilizou processos de gestão padrão, conforme descrito em *Um Guia do Conhecimento em*

Gerenciamento de Projetos (Guia PMBOK), para completar o projeto de linha de montagem dentro do prazo e do orçamento.

Para supervisionar o projeto complexo, a VW México estabeleceu um escritório de projetos (PMO), que era responsável por monitorar e controlar o orçamento global e cronograma para os projetos relacionados ao Jetta. Uma vez que a VW México foi agraciada com o projeto de montagem, o PMO trabalhou junto com o departamento financeiro para obter os recursos necessários. Um gerente de projeto foi selecionado e o gerente do departamento de manufatura foi nomeado patrocinador do projeto.

O gerente de projeto, apoiado por um membro do departamento de planejamento, integrou os planos apresentados pelos diversos participantes do projeto para desenvolver uma estrutura analítica do projeto (EAP) e uma linha do tempo detalhada para o projeto global. A EAP serviu como um roteiro para cada fase. Enquanto os departamentos de produção e qualidade foram envolvidos ao longo do projeto, outros departamentos poderiam ser consultados sempre que necessário. O gerente do projeto foi responsável pela supervisão da EAP e por envolver outros departamentos nos momentos adequados.

Solução

[...]

Em cada reunião, os participantes tiveram a oportunidade de solicitar alterações específicas para a EAP. As discussões foram documentadas para fins de qualidade e as mudanças

foram aprovadas tanto pelo gerente de projeto quanto pelo
patrocinador do projeto.

[...]

Ao longo do projeto, o PMO manteve a supervisão do orçamento geral [...]. Outros elementos do projeto foram monitorados por membros da equipe [...]. Por exemplo, um membro da equipe de planejamento monitorou atividades relacionadas com a EAP e o plano de qualidade, enquanto um membro da equipe de qualidade foi responsável por garantir que as partes satisfizessem as especificações de qualidade da empresa.

Ao término de cada fase [...], a equipe do projeto analisava o estado geral [...] e realizava a identificação de riscos para as fases restantes. Todas as alterações resultantes da EAP foram aprovadas pelo gerente [...] e pelo patrocinador do projeto.

O fim [...] foi marcado pela transição para a equipe de produção. O encerramento oficial do projeto ocorreu 12 semanas após [...] a produção do componente inicial [...].

Resultados

O time da VW México alcançou e, em muitos casos, ultrapassou os objetivos para a criação da linha de montagem. Especificamente:

» Todo o projeto foi concluído dentro do orçamento especificado.

» A equipe cumpriu todos os prazos de entrega em todas as fases de testes.

» Os eixos dianteiros e os módulos laterais produzidos na linha de montagem da fábrica continuaram atendendo às diretrizes de qualidade da Volkswagen.

O time de projeto da linha de montagem do componente do Jetta também desenvolveu uma série de ferramentas e práticas que servem como padrão para futuros projetos na fábrica. As principais lições aprendidas com o projeto permitirão que equipes de projetos futuros aperfeiçoem a comunicação entre as diferentes áreas da planta da VW México e garanta [sic] o sucesso de novos projetos.

Fonte: PMI, 2017.

Estudo de caso 3

Caso de sucesso: Estações compactas para tratamento de esgoto (ECTE)

Desafio e oportunidade

A ECOETE [Tecnologias de Preservação Ambiental] utilizou seus conhecimentos em inovação na engenharia ambiental para desenvolver produtos mais precisos, que proporcionam ao cliente uma assistência técnica local, sem logística onerosa de transporte ou montagens complexas. Buscam [sic] com isso ampliar as soluções para as demandas apresentadas por fornecedores e clientes-chave.

Solução

Com a produção focada em inovação e preservação da natureza, a empresa desenvolveu uma linha de produtos voltados à diminuição de danos ambientais. As Estações Compactas para Tratamento de Esgoto (ECTEs) utilizam substrato de pneus sem serventia e reciclados, além de fibra vegetal de curauá (bromélia nativa da região amazônica). Entre as estações deste tipo que se destacam estão a **ETENAV**, de uso naval, destinada a esgoto produzido em balsas, barcos regionais e hotéis flutuantes; a **ODONTOETE**, que recebe efluentes da pia de higienização de pacientes e da limpeza de instrumentos de consultório odontológico; o sanitário público ecológico (SPE), de caráter temporário, para locais com dificuldade de instalação sanitária convencional; além das estações compactas de fluxo horizontal, bem como de fluxo vertical. Todos os produtos têm como princípio técnicas para tratamento e separação de água, óleo e gorduras e neutralização de fenóis, visando à sustentabilidade e à redução de impactos no meio ambiente por conta de ações humanas.

Resultados e potencial

Após três anos de investimentos em pesquisa, em um montante de R$ 580 mil, as **ECTE** são responsáveis pelo maior volume de faturamento da empresa, na ordem de 50% do total. Para prosseguir na ampliação de novos produtos, a **ECOETE** busca constantemente incentivar a geração de ideias para a seleção dos projetos potenciais, que devem ser efetivamente amadurecidos para se transformar em oportunidades de ação e, consequentemente, de negócios.

Fonte: CNI; Sebrae, 2014, p. 23.

referências

AAKER, D. A. *Administração estratégica de mercado*. 9. ed. Porto Alegre: Bookman, 2012.

ALENCAR, E. S. de; FLEITH, D. de S. *Criatividade*: múltiplas perspectivas. 3. ed., rev. e atual. Brasília: Ed. UnB, 2003.

ALVARENGA, C. *Mapas mentais em fichas*: é curioso como essa técnica surpreende quem a utiliza. 15 out. 2014. Disponível em: <http://esquemaria. com.br/mapas-mentais/>. Acesso em: 5 jan. 2017.

AMATO NETO, J. *Redes de cooperação produtiva e clusters regionais*: oportunidades para as pequenas e médias empresas. São Paulo: Atlas, 2000.

ARMBRUSTER, H. et al. Organizational Innovation: the Challenge of Measuring Non-technical Innovation in Large-scale Surveys. *Technovation*, n. 28, p. 644-657, 2008. Disponível em: <http://www.isi.fraunhofer.de/ isi-wAssets/docs/i/de/publikationen/ organizational_innovation_technovation. pdf>. Acesso em: 5 jan. 2017.

BALESTRIN, A. *A dinâmica da complementaridade de conhecimentos no contexto das redes interorganizacionais*. 214 f. Tese (Doutorado em Administração) – Universidade Federal do Rio Grande do Sul, Porto Alegre, 2005. Disponível em: <http://www.lume.ufrgs.br/ bitstream/handle/10183/4324/000455283. pdf?sequence=1>. Acesso em: 5 jan. 2017.

BALESTRIN, A.; VARGAS, L. M.; FAYARD, P. Criação de conhecimento nas redes de cooperação interorganizacional. *Revista de Administração de Empresas – RAE*, São Paulo, v. 45, n. 3, p. 52-64, jul./set. 2005. Disponível em: <http://www.lume.ufrgs.br/bitstream/ handle/10183/19963/000480541.pdf?>. Acesso em: 5 jan. 2017.

BARAÑANO, A. M. Gestão da inovação tecnológica: estudo de 5 PMEs portuguesas. *Revista Brasileira de Inovação*, Campinas, v. 4, n. 1, p. 57-96, jan./jun. 2005. Disponível em: <http://ocs.ige.unicamp.br/ojs/rbi/article/view/281/197>. Acesso em: 5 jan. 2017.

BRASIL. Câmara dos Deputados. *Projeto de Lei n. 4.330, de 2004.* Dispõe sobre o contrato de prestação de serviço a terceiros e as relações de trabalho dele decorrentes. 2004a. Disponível em: <http://www.camara.gov.br/proposicoesWeb/prop_mostrarintegra?codteor=246979>. Acesso em: 5 jan. 2017.

BRASIL. Decreto n. 4.928, 23 de dezembro de 2003. *Diário Oficial da União*, Poder Executivo, Brasília, DF, 24 dez. 2003. Disponível em: <https://www.planalto.gov.br/ccivil_03/decreto/2003/D4928.htm>. Acesso em: 5 jan. 2017.

_____. Decreto n. 5.563, de 11 de outubro de 2005. *Diário Oficial da União*, Poder Executivo, Brasília, DF, 13 out. 2005a. Disponível em: <http://www.planalto.gov.br/ccivil_03/_ato2004-2006/2005/decreto/d5563.htm>. Acesso em: 5 jan. 2017.

_____. Decreto n. 5.798, de 7 de junho de 2006. *Diário Oficial da União*, Poder Executivo, Brasília, DF, 8 jun. 2006. Disponível em: <https://www.planalto.gov.br/ccivil_03/_Ato2004-2006/2006/Decreto/D5798.htm#art19>. Acesso em: 5 jan. 2017.

_____. Decreto n. 6.899, de 15 de julho de 2009. *Diário Oficial da União*, Poder Executivo, Brasília, DF, 16 jul. 2009. Disponível em: <http://www.planalto.gov.br/ccivil_03/_Ato2007-2010/2009/Decreto/D6899.htm>. Acesso em: 5 jan. 2017.

BRASIL. *Instituto Nacional da Propriedade Intelectual (site).* Disponível em: <http://www.inpi.gov.br>. Acesso em: 5 jan. 2017.

_____. Lei n. 8.248, de 23 de outubro de 1991. *Diário Oficial da União*, Poder Legislativo, Brasília, DF, 24 out. 1991. Disponível em: <https://www.planalto.gov.br/ccivil_03/leis/L8248.htm>. Acesso em: 5 jan. 2017.

_____. Lei n. 8.666, de 21 de junho de 1993. *Diário Oficial da União*, Poder Legislativo, Brasília, DF, 22 jun. 1993. Disponível em: <http://www.planalto.gov.br/ccivil_03/leis/L8666cons.htm>. Acesso em: 5 jan. 2017.

_____. Lei n. 10.168, de 29 de dezembro de 2000. *Diário Oficial da União*, Poder Legislativo, Brasília, DF, 30 dez. 2000. Disponível em: <http://www.planalto.gov.br/ccivil_03/leis/L10168.htm>. Acesso em: 5 jan. 2017.

_____. Lei n. 10.637, de 30 de dezembro de 2002. *Diário Oficial da União*, Poder Legislativo, Brasília, DF, 31 dez. 2002a. Disponível em: <http://www.planalto.gov.br/ccivil_03/leis/2002/L10637.htm>. Acesso em: 5 jan. 2017.

_____. Lei n. 10.973, de 2 de dezembro de 2004. *Diário Oficial da União*, Poder Legislativo, Brasília, DF, 3 dez. 2004b. Disponível em: <http://www.planalto.gov.br/ccivil_03/_ato2004-2006/2004/lei/l10.973.htm>. Acesso em: 5 jan. 2017.

_____. Lei n. 11.196, de 21 de novembro de 2005. *Diário Oficial da União*, Poder Legislativo, Brasília, DF, 22 nov. 2005b. Disponível em: <http://www.planalto.gov.br/ccivil_03/_ato2004-2006/2005/lei/l11196.htm>. Acesso em: 5 jan. 2017.

BRASIL. Lei n. 11.794, de 8 de outubro de 2008. *Diário Oficial da União*, Poder Legislativo, Brasília, DF, 9 out. 2008. Disponível em: <http://www.planalto. gov.br/ccivil_03/_ato2007-2010/2008/lei/l11794.htm>. Acesso em: 5 jan. 2017.

_____. Lei n. 12.305, de 2 de agosto de 2010. *Diário Oficial da União*, Poder Legislativo, Brasília, DF, 3 ago. 2010. Disponível em: <http://www.planalto. gov.br/ccivil_03/_ato2007-2010/2010/lei/l12305.htm>. Acesso em: 5 jan. 2017.

BRASIL. Ministério da Ciência e Tecnologia. *Livro branco*: ciência, tecnologia e inovação. Brasília: Ministério da Ciência e Tecnologia, 2002b. Disponível em: <http://www.cgee.org.br/arquivos/livro_branco_cti.pdf>. Acesso em: 5 jan. 2017.

BRASIL. Ministério da Ciência, Tecnologia e Inovação. *Relatório Anual de Utilização dos Incentivos Fiscais – Ano base 2011*. Brasília: MCTI, 2012. Disponível em: <http://www.mct.gov.br/upd_blob/0225/225268.pdf>. Acesso em: 5 jan. 2017.

BRASIL. *Ministério da Educação (site)*. Disponível em: <http:\\www.mec.gov.br>. Acesso em: 5 jan. 2017.

BRASIL. Ministério da Saúde. Conselho Nacional de Saúde. *Resolução n. 466, de 12 de dezembro de 2012*. Disponível em: <http://bvsms.saude.gov.br/bvs/saudelegis/cns/2013/res0466_12_12_2012.html>. Acesso em: 5 jan. 2017.

BURNS, L. R.; WHOLEY, D. R. Adoption and Abandonment of Matrix Management Programs: Effects of Organizational Characteristics and Interorganizational Networks. *Academy of Management Journal*, New York, v. 36, n. 1, p. 106-138, 1993.

CASADEI, M. C. B.; FARAH, O. E.; GIULIANI, A. C. Alianças estratégicas como ferramenta para pequenos negócios (ou para micro e pequenas empresas). *Revista Organizações em Contexto – ROC*, São Paulo, ano 1, n. 1, jun. 2005. Disponível em: <https://www.metodista.br/revistas/revistas-metodista/index.php/OC/article/view/1277/1291>. Acesso em: 5 jan. 2017.

CASTELLS, M. *A era da informação*: economia, sociedade e cultura. São Paulo: Paz e Terra, 1999. v. 1.

CHIERIGHINI, G. *10 cuidados para construir sólidas alianças estratégicas*. 26 out. 2012. Disponível em: <http://www.cdlvca.com/v1/2012/10/26/10-cuidados-para-construir-solidas-aliancas-estrategicas/>. Acesso em: 5 jan. 2017.

CHURCHILL JR., G. A.; PETER, J. P. *Marketing*: criando valor para os clientes. 2. ed. São Paulo: Saraiva, 2000.

CLANCY, K. J.; KRIEG, P. C. *Marketing contraintuitivo*. Rio de Janeiro: Campus, 2002.

_____. *Marketing*: muito além do feeling. Rio de Janeiro: Campus-Elsevier, 2008.

CNI – Confederação Nacional da Indústria; SEBRAE – Serviço Brasileiro de Apoio às Micro e Pequenas Empresas. *Inovação como diferencial competitivo*: o sucesso na trajetória de micro e pequenas empresas. Brasília: CNI; Sebrae, 2014.

COSAS, L. *Principais redes sociais para divulgar o seu negócio*. 2012. Disponível em: <http://www.webcortex.com.br/blog/redes-sociais/principais-redes-socia is-para-divulgar-o-seu-negocio/>. Acesso em: 5 jan. 2017.

CRONEMBERGER, D. Pesquisa mapeia inovação nas pequenas empresas. *Exame*, 19 nov. 2013. Disponível em: <http://exame.abril.com.br/pme/noticias/pesquisa-mapeia-inovacao-nas-peque nas-empresas>. Acesso em: 5 jan. 2017.

CSIKSZENTMIHALYI, M. *Creativity*: Flow and the Psychology of Discovery and Invention. New York: Harper Perennial, 1996.

DE BONO, E. *Criatividade levada a sério*. São Paulo: Pioneira, 1994.

DIRESCÓPIO. *Gestão de escritórios de design*. 30 jul. 2013. Disponível em: <http://www.direscopio.com.br/gestao-de-escritorios-de-design/>. Acesso em: 29 jan. 2016.

DOMINGOS, C. *Oportunidades disfarçadas*: histórias reais de empresas que transformaram problemas em grandes oportunidades. Rio de Janeiro: Sextante, 2009.

DUAILIBI, R.; SIMONSEN JR., H. *Criatividade & marketing*. São Paulo: Makron Books, 2000.

EBERS, M.; JARILLO, J. C. The Construction, Forms, and Consequences of Industry Networks. *International Studies of Management & Organization*, v. 27, n. 4, p. 3-21, 1997/1998. Disponível em: <http://www.jstor.org/stable/40397384>. Acesso em: 5 jan. 2017.

GIOSA, L. A. *Terceirização*: uma abordagem estratégica. 5. ed. rev. e ampl. São Paulo: Pioneira, 1997.

GOVINDARAJAN, V.; TRIMBLE, C. *Inovação reversa*: descubra as oportunidades ocultas nos mercados emergentes. Rio de Janeiro: Campus-Elsevier, 2012.

GRANDORI, A.; SODA, G. Inter-firm Networks: Antecedents, Mechanisms and Forms. *Organization Studies*, v. 16, n. 2, p. 183-214, 1995. Disponível em: <https://www.researchgate.net/publication/246495728_Inter-Firm_Networks_Antecedents_Mechanisms_and_Forms>. Acesso em: 5 jan. 2017.

HITT, M. A.; IRELAND, R. D.; HOSKISSON, R. E. *Administração estratégica*. São Paulo: Thomson Learning, 2002.

HOUAISS, A.; VILLAR, M. de S.; FRANCO, F. M. de M. *Dicionário Houaiss da língua portuguesa*. Rio de Janeiro: Objetiva, 2001.

IMHOFF, M. M.; MORTARI, A. P. Terceirização: vantagens e desvantagens para as empresas. *Revista Eletrônica de Contabilidade*, Santa Maria, edição especial, jul. 2005. Disponível em: <http://tupi.fisica.ufmg.br/~michel/docs/Artigos_e_textos/Gestao/terceirizacao_vantagens_desvantagens.pdf>. Acesso em: 5 jan. 2017.

KASSE, E. *O que acontece entre a ideia e o negócio criativo concretizado*. 12 abr. 2014. Disponível em: <http://webinsider.com.br/2014/04/12/os-negocios-criativos-vao-muito-alem-das-ideias>. Acesso em: 5 jan. 2017.

KOTLER, P. *Administração de marketing*: a edição do novo milênio. 10. ed. São Paulo: Prentice Hall, 2003.

_____. *Marketing para o século XXI*: como criar, conquistar e dominar mercados. São Paulo: Futura, 2000.

KOTLER, P.; ARMSTRONG, G. *Introdução ao marketing*. Rio de Janeiro: LTC, 2003.

_____. *Princípios de marketing*. 12. ed. São Paulo: Pearson, 2007.

KOTLER, P.; KELLER, K. L. *Administração de marketing*. 14. ed. São Paulo: Pearson, 2013.

LAS CASAS, A. L. *Marketing*: conceitos, exercícios, casos. 6. ed. São Paulo: Atlas, 2004.

LEIRIA, J. S.; SARATT, N. *Terceirização*: uma alternativa de flexibilidade empresarial. 8. ed. São Paulo: Gente, 1995.

LEITE, H. A. R. (Org.). *Gestão de projeto do produto*: a excelência da indústria automotiva. São Paulo: Atlas, 2007.

LEWIS, J. *Alianças estratégicas*: estruturando e administrando parcerias para o aumento da lucratividade. São Paulo: Pioneira, 1992.

LUBART, T. *Psicologia da criatividade*. Porto Alegre: Artmed, 2007.

MALHOTRA, N. K. *Pesquisa de marketing*: uma orientação aplicada. 3. ed. Porto Alegre: Bookman, 2004.

MARINHO, B. L.; AMATO NETO, J. Gestão da cadeia de fornecedores e acordos de parcerias. In: AMATO NETO, J. (Org.). *Manufatura classe mundial*: conceitos, estratégias e aplicações. São Paulo: Atlas, 2001.

MARTINS, S. P. *A terceirização e o direito do trabalho*. 5. ed. São Paulo: Atlas, 2001.

MAXIMIANO, A. C. A. *Administração de projetos*: como transformar ideias em resultados. 4. ed. São Paulo. Atlas, 2010.

MBI. *2009/08 – REVIE na prática (estudo de caso 2)*: inteligência de produtos. Disponível em: <http://www.mbi.com.br/mbi/biblioteca/artigos/2009-08-revie-na-pratica-inteligencia-de-produtos/>. Acesso em: 5 jan. 2017.

MENDES, G. H. de S. *O processo de desenvolvimento de produto em empresas de base tecnológica*: caracterização da gestão e proposta de modelo de referência. 294 f. Tese (Mestrado em Engenharia de Produção) – Universidade Federal de São Carlos, São Carlos, 2008. Disponível em: <https://repositorio.ufscar.br/bitstream/handle/ufscar/3322/1885.pdf?sequence=1>. Acesso em: 5 jan. 2017.

MENDONÇA, H.; ROSSI, M. Uma década depois, lei que regula terceirização é aprovada na Câmara. *El País*, São Paulo, 9 abr. 2015. Disponível em: <http://brasil.elpais.com/brasil/2015/04/08/politica/1428528022_044096.html>. Acesso em: 5 jan. 2017.

MICHAELIS. *Moderno Dicionário da Língua Portuguesa*. Disponível em: <http://michaelis.uol.com.br/moderno/portugues/index.php>. Acesso em: 5 jan. 2017.

MINTZBERG, H.; AHLSTRAND, B.; LAMPEL, J. *Safári de estratégia*: um roteiro pela selva do planejamento estratégico. Porto Alegre: Bookman, 2000.

MONTEIRO, P. *Os seis chapéus do pensamento*. 19 out. 2012. Disponível em: <http://pmgee.blogspot.com.br/2012/10/os-seis-chapeus-do-pensamento.html>. Acesso em: 5 jan. 2017.

MOREIRA, É. T.; STRAMAR, A. R. Modelo holístico da gestão da inovação com ênfase na cooperação, flexibilidade e adaptação. *Revista de Administração e Inovação – RAI*, São Paulo, v. 11, n. 4, p. 193-212, out./dez. 2014. Disponível em: <http://www.revistas.usp.br/rai/article/view/100279/98937>. Acesso em: 5 jan. 2017.

MUNDIM, A. P. F. *Desenvolvimento de produtos e educação corporativa*. São Paulo: Atlas, 2002.

NEGRI, J. A. de; KUBOTA, L. C. *Políticas de incentivo à inovação tecnológica no Brasil*. Brasília: Ipea, 2008.

NIU, W.; STERNBERG, R. Contemporary Studies on the Concept of Creativity: the East and the West. *The Journal of Creative Behavior*, v. 36, n. 4, p. 269-284, 2002.

O JEITO Google de trabalhar. 21 jun. 2012. Disponível em: <https://www.youtube.com/watch?v=3cxYLl6wWCY>. Acesso em: 5 jan. 2017.

PMI – Project Management Institute. *A Guide to the Project Management Body of Knowledge (PMBOK Guide)*. 3. ed. Newtown Square: PMI, 2003.

PMI – Project Management Institute. *Estudo de caso*: Volkswagen do México – produção de peças para o automóvel Jetta. Disponível em: <http://brasil.pmi.org/brazil/knowledgecenter/~/media/20D4F81EBB924A2C913FE3743CC4EBDD.ashx>. Acesso em: 5 jan. 2017.

_____. *Um guia do conjunto de conhecimentos em gerenciamento de projetos (Guia PMBOK)*. 3. ed. Atlanta: PMI, 2004. Disponível em: <http://www.las.inpe.br/~perondi/23.06.2008/CCGP_a.pdf>. Acesso em: 5 jan. 2017.

_____. _____. 4. ed. Atlanta: PMI, 2008.

PORTAL GESTÃO. *Como utilizar a técnica dos seis chapéus do pensamento?* 2012. Disponível em: <https://www.portal-gestao.com/artigos/6700-como-utilizar-a-tC3A9cnica-dos-seis-chapC3A9us-do-pensamento.html>. Acesso em: 5 jan. 2017.

PORTER, M. Aglomerados e competição: novas agendas para empresas, governo e instituições. In: PORTER, M. *Competição*: estratégias competitivas essenciais. Rio de Janeiro: Campus, 1999. p. 209-303.

QUEIROZ, C. A. R. S. de. *Manual de terceirização*. 9. ed. São Paulo: STS, 1998.

RATTI, B. *Comércio internacional e câmbio*. São Paulo: Aduaneiras, 2000.

RING, P. S.; VAN DE VEN, A. H. Developmental Processes of Cooperative Inter-organizational Relationships. *The Academy of Management Review*. New York, v. 19, n. 1, p. 90-118, 1994. Disponível em: <http://www.jstor.org/stable/258836?seq=1#page_scan_tab_contents>. Acesso em: 5 jan. 2017.

RNP – Rede Nacional de Ensino e Pesquisa. *Mapas de evolução do backbone*. 3 fev. 2016. Disponível em: <https://memoria.rnp.br/rnp/backbone-historico-graficos.html>. Acesso em: 5 jan. 2017.

_____. *Nossa história*. Disponível em: <https://www.rnp.br/institucional/nossa-historia>. Acesso em: 5 jan. 2017.

ROZENFELD, H. et al. *Gestão de desenvolvimento de produtos*: uma referência para a melhoria do processo. São Paulo: Saraiva, 2006.

RUBEL, M. *Modelo de gestão de parceria tecnológica estratégica para capacitação de recursos humanos*. 157 f. Dissertação (Mestrado em Engenharia de Produção) – Universidade Federal de Santa Catarina, Florianópolis, 2002. Disponível em: <https://repositorio.ufsc.br/xmlui/bitstream/handle/123456789/83076/189277.pdf?sequence=1&isAllowed=y>. Acesso em: 5 jan. 2017.

SCHAIMBERG, R. *Rompendo com o velho e abraçando o novo*. 27 jul. 2014. Disponível em: <http://www.freeshop.com.br/blog/rompendo-com-o-velho-e-abracando-o-novo/>. Acesso em: 5 jan. 2017.

SCHUMPETER, J. A. *Teoria do desenvolvimento econômico*: uma investigação sobre lucros, capital, crédito, juro e o ciclo econômico. São Paulo: Nova Cultural, 1997. (Coleção Os Economistas).

TAPSCOTT, D.; WILLIAMS, A. D. *Macrowikinomics*: reiniciando os negócios e o mundo. Rio de Janeiro: Campus/Elsevier, 2011.

TIDD, J.; BESSANT, J.; PAVITT, K. *Managing Innovation*: Integrating Technological, Market and Organizational Change. Chichester: John Wiley & Sons, 1997.

UFRGS – Universidade Federal do Rio Grande do Sul. *Estudantes criam serviço de aluguel de carros elétricos em Porto Alegre*. 2013. Disponível em: <http://www.ufrgs.br/ufrgs/noticias/estudantes-criam-servico-de-aluguel-de-carros-eletricos-em-porto-alegre>. Acesso em: 5 jan. 2017.

URDAN, F. T.; URDAN, A. T. *Gestão do composto de marketing*. São Paulo: Atlas, 2006.

ZACHARAKIS, A. Os testes de mercado ascendentes. *HSM Management*, São Paulo, v. 16, n. 92, p. 16-17, maio 2012.

ZWICK, E. et al. Redes interorganizacionais na administração pública brasileira: formação e aspectos culturais. *Revista Symposium*, Lavras, 16. ed., v. 8, n. 2, p. 20-39, jul./dez. 2010.

respostas

Capítulo 1

1. d
2. Esse treinamento pode consistir em incentivar, por meio de ferramentas como reuniões, palestras, estabelecimento de espaços criativos nas empresas, entre outros, o hábito de liberação do processo criativo. É realizado pouco a pouco, todos os dias.
3. É a pessoa com uma visão estratégica da inovação. Trata-se de um indivíduo que angaria os recursos necessários para a realização de um projeto de inovação ou que convence os membros mais resistentes ou céticos da empresa a levar em frente determinado projeto de inovação.
4. d
5. b

Capítulo 2

1. c
2. b
3. Aspecto produtivo: ser tecnicamente viável de produção.
   Aspecto mercadológico: ser aceito pelo público-alvo.
   Aspecto financeiro: apresentar retorno financeiro e lucratividade.
4. Risco estratégico: que o produto não atenda às

necessidades para as quais
foi projetado.

Risco de mercado: que o
produto não se diference no
mercado e não seja percebido
seu valor agregado.

Riscos internos: que
o produto não seja
desenvolvido dentro do prazo
e do orçamento estimados.

5. b

Capítulo 3

1. b

2. a

3.

» Os produtos têm uma
vida limitada.

» As vendas dos
produtos atravessam
estágios diferentes.

» Os lucros aumentam e
diminuem nos diferentes
estágios do ciclo de vida
do produto.

» Os produtos exigem
estratégias de marketing,
finanças, produção, compras

e recursos humanos
específicos para cada fase do
ciclo de vida.

4. Inovação incremental
consiste na adaptação de
produtos para novos clientes,
usando variações de um
produto principal e criando
soluções provisórias para
as novas necessidades do
consumidor.

5. d

Capítulo 4

1. A importância desse
processo é que as empresas
conseguem se organizar
conjuntamente, agindo de
maneira sinérgica, em uma
cooperação mútua, para
a obtenção de recursos e
oportunidades, sem os quais
isso não seria possível.

2. São aquelas que sustentam
os direitos de propriedade
sobre atividades econômicas
nas quais a incerteza e o

oportunismo prescindem
de controle.

3. a
4. a
5. a

Capítulo 5

1. *Projeto* é a aglomeração
de atividades finitas e
temporárias, que visam à
qualificação de produtos ou
serviços para a lucratividade
dos negócios; não devemos
nos esquecer de que todas
as ações apresentam
graus diferentes de riscos,
custos, comunicação e
temporalidade. Por outro
lado, *operações* são esforços
contínuos que visam ao
desempenho das mesmas
tarefas a cada ciclo do
processo e que podem ser
realizadas por equipes
não multidisciplinares.

2. As regulamentações podem
ser tanto barreiras como
oportunidades, visto que,
na primeira situação, elas
se tornam empecilhos para
o cumprimento efetivo dos
objetivos e, na segunda,
são uma possibilidade de
desenvolver novos métodos
ou aperfeiçoar os antigos.
As regulamentações tendem
a evoluir sempre, mas
para isso são necessários
investimentos e paciência.

3. c
4. b
5. a

Capítulo 6

1. c
2. a
3. Os pontos positivos são:
   » O processo de liberação
   do financiamento é pouco
   burocrático, pois solicita
   poucos documentos e não
   necessita de grande estrutura
   de pessoal.
   » O incentivo tem um efeito
   psicológico sobre os
   empresários, que apoiam

e adotam o processo
de inovação.

» O processo de liberação
de recursos orçamentários
é mais facilitado, pois
não depende de
tratativas políticas.
Os pontos negativos são:

» A política fiscal atende
principalmente às
empresas que já realizam
investimentos em inovação
e não incentiva as empresas
que ainda não têm projetos
de inovação, o que acaba
por segmentar o processo
em empresas que inovam e
empresas que não inovam.

» Esse processo não contribui
para políticas estratégicas
do país, que necessita
de um processo de
verticalização das políticas de
financiamento da pesquisa e
inovação com maior atuação
do Estado.

» Nesse modelo, em razão
de fatores que não podem

ser observados, é difícil
mensurar a realização de
pesquisas e de projetos.

4. Vantagens: estrutura
menos burocrática, maior
flexibilidade operacional
e maior proximidade com
o cliente.

Desvantagens: estrutura
de capital insuficiente,
dificuldade de acesso
a recursos financeiros,
dificuldade de gerenciamento
dos projetos, dificuldade
na atração de recursos e
de acesso a novos fatores
tecnológicos e produtivos.

5. c

sobre os autores

Djalma de Sá é mestre em Gestão Urbana pela Pontifícia Universidade Católica do Paraná (PUCPR) e graduado em Ciências Econômicas pela mesma instituição. É doutorando em Gestão Urbana também pela PUCPR. É professor em cursos de graduação e pós-graduação, consultor empresarial e empresário.

Felipe Augusto Nasser Costa é graduado em Administração pela Universidade Federal do Paraná (UFPR), pós-graduado pela FAE Centro Universitário, com MBA Executivo em Gestão Empresarial, e mestre em Neuromarketing pela Florida Christian University (EUA). É professor, consultor e empresário. Atuou em diversas indústrias e varejistas de diversos portes em projetos mercadológicos e de desenvolvimento de produtos.

Sedenilso Antonio Machado é graduado em Comunicação Social pela Universidade Católica Dom Bosco (UCDB), pós-graduado em Marketing Empresarial pela Universidade Federal do Paraná (UFPR) e mestre em Organizações e Desenvolvimento pela

FAE Centro Universitário. Atuou em diversas empresas, coordenando áreas de comunicação, marketing e vendas. Atualmente, é professor de graduação e pós-graduação, consultor e empresário do setor digital, em que cria seus próprios produtos.

Tarcis Prado Júnior é graduado em Comunicação Social (Relações Públicas) pela Universidade Metodista de São Paulo (Umesp), pós-graduado em Promoção de Saúde (especialização) pela Universidade de São Paulo (USP) e mestre pela mesma instituição. É ainda doutorando em Comunicação e Linguagens pela Universidade Tuiuti do Paraná (UTP). Trabalhou na área de comunicação institucional em diversas empresas, organizações não governamentais (Ongs) e centros de pesquisa em todo o país e foi empresário da área de educação em Curitiba (PR).

Impressão:
Fevereiro/2017